# Dyddiau Roc a Rôl

## Atgofion Ems drwy Ganeuon

### EMYR HUWS JONES

Gol: Lyn Ebenezer

Gwasg Carreg Gwalch

Argraffiad cyntaf: 2018
Hawlfraint Emyr Huws Jones/Gwasg Carreg Gwalch

Rhif Llyfr Safonol Rhyngwladol:
978-1-84527-674-4


Cyhoeddwyd gyda chymorth Cyngor Llyfrau Cymru


Cynllun a lluniau'r clawr: Alwyn Harding Jones


Cydnabyddiaeth lluniau:
Anna Fôn, tud. 39
Cwmni Da, tud. 118


Cyhoeddwyd gan Wasg Carreg Gwalch,
12 Iard yr Orsaf, Llanrwst, Dyffryn Conwy, Cymru LL26 0EH.
Ffôn: 01492 642031
e-bost: llyfrau@carreg-gwalch.cymru
lle ar y we: www.carreg-gwalch.cymru


Argraffwyd a chyhoeddwyd yng Nghymru

# Cynnwys

# Ynys Llanddwyn

Mi hoffwn fyw ar ynys Llanddwyn
mewn bwthyn gwyn uwchben y lli
gwylio adar y môr bob bora
a dy gael di gyda mi

Mae'r môr yn lân rownd Ynys Llanddwyn
ac ynddo fe ymdrochwn i
lle mae'r adar yn pysgota
o deud y doi di gyda mi

Gorwedd ar y traeth a theimlo heulwen yr haf
paid â phoeni am y glaw mae tonnau'r môr yn braf

Mae eglwys Dwynwen ar Ynys Llanddwyn
ac ynddi fe weddïwn i
gofyn iddi santes cariadon
am dy gael di gyda mi

A phan ddaw'r nos ar Ynys Llanddwyn
pan fydd yr haul a'r môr yn cwrdd
eisteddaf wrth y tân yn fy mwthyn
efallai nad af byth i ffwrdd

*Mam*

Dwi'n arbennig o hoff o ynysoedd ac wedi sgwennu cân neu ddwy am rai ohonynt dros y blynyddoedd. Mae'r rheswm yn weddol amlwg mae'n siŵr gan i mi gael fy ngeni a fy magu ar ynys. Mae 'na ryw deimlad 'diogel' wrth fod ar ynys, yn enwedig ynys fach; mae rhywun yn hollol ymwybodol o ffiniau ac o berthyn i fan arbennig. Yn arferol, mi fyddai mamau Sir Fôn yn mynd i eni eu plant yn Ysbyty Dewi Sant neu'r C&A ym Mangor ond am ryw reswm yn Ysbyty'r Gors yng Nghaergybi y ganed fi ar y 15fed o Chwefror 1950 ac mae hynny'n golygu fy mod i'n hogyn ynys go iawn, yn fochyn Môn i'r carn, ac nid yn 'Bangor Aye'.

Mi allai pethau fod wedi bod yn wahanol iawn i mi oni bai am Mam, achos fu bron i mi â chael fy 'nwyn' pan oeddwn i'n fabi. Mae'n debyg bod rhyw fam yn cerdded allan o'r ward efo fi yn ei breichiau nes i mam weiddi 'Fi pia hwnna'. Roedd 'na amser pan fyddwn i'n meddwl tybed be fasa wedi digwydd tasa Mam wedi bod yn cysgu? Ella y baswn i wedi cael fy magu'n unig blentyn i filiwnydd o Fae Trearddur efo gwraig fasa wedi fy nifetha'n lân. Ond mi fasa wedi bod yn amhosib i mi gael magwraeth well, na theulu agosach na'r un a gefais. Faswn i ddim wedi newid bod yn fab i filiwnydd o Fae Trearddur am y fagwraeth a gefais i am ei holl ffortiwn. Ac yn sicr ni faswn i wedi newid Bae Trearddur am Langefni.

Mae nifer helaeth o fy nghaneuon o'r cychwyn, ond yn arbennig yn ddiweddar, yn cyfeirio'n ôl at yr amser pan oeddwn i'n byw yn Sir Fôn. Dwi wedi sôn mewn mwy nag un gân am Llanddwyn, Ynys Enlli a Shetland ac mae yna ynys fach arall hefyd sy'n agos iawn at fy nghalon i nad ydy hi wedi ysgogi cân hyd yma, sef Agistri yng ngwlad Groeg. Ond Ynys Llanddwyn oedd yr ynys fechan gyntaf i mi wirioni arni. Mae unrhyw un sydd wedi bod ar draeth ac ynys Llanddwyn yn gwybod pa mor arbennig ydy'r lle efo milltiroedd o draeth braf a'r ynys hudolus sydd yn ddigon pell i ffwrdd fel nad oes byth ormod o bobl arni; ynys fach ond ynys lawn o gyfrinachau. Ac ro'n i'n cael cyfle yn weddol aml i ymweld â'r lle gan mai un o Niwbwrch oedd Megan Sioned, fy mam. Er mai yn Llangefni yr oedd ein teulu ni'n byw roedd pedwar o frodyr Mam yn dal i fyw yn Niwbwrch ac roedd yn braf cael ymweld â nhw o bryd i'w gilydd ac ella gael cyfle i fynd am lan y môr.

O ochr Mam i'r teulu yn bennaf y daeth yr elfen gerddorol a'r diddordeb mewn cerddoriaeth sydd yn gyffredin rhwng Tudur, fy mrawd, a fi. Roedd gan Gwenda, fy niweddar chwaer, ddiddordeb mawr mewn cerddoriaeth hefyd ac roedd hi'n dipyn o arbenigwraig ar ganu pop y 1960au a byth yn mynd i unman yn ei harddegau heb y *transistor radio* fel y gelwid nhw. Roedd Josiah Hughes, fy nhaid, yn ffarmwr ac yn ganwr a cherddor dawnus yn ôl y sôn, er ei fod wedi marw ymhell cyn i mi gael fy ngeni. Yn ôl un erthygl mewn hen bapur a ddarllenais yn ddiweddar roedd yn arwain côr pan oedd yn 17 oed. Ymhen blynyddoedd lawer wedyn roedd Yncl John, brawd mam, wedi ailsefydlu côr yn Niwbwrch ac mi fuon nhw'n llwyddiannus iawn mewn eisteddfodau cenedlaethol a lleol. Roedd Mam a'r rhan fwyaf o'i brodyr a'u gwragedd yn canu yn y côr. Ella bod Tud a fi wedi etifeddu peth o ddiddordeb yr ochr hon o'r teulu mewn cerddoriaeth ond yn sicr dim y ddawn i ganu mewn côr. Mae Magi, merch Tud ac Anna, ar y llaw arall, wedi cael llais canu da iawn a'r hyder i wneud hynny'n gyhoeddus ers pan oedd hi'n ifanc iawn. Does dim sôn hyd yma bod Moi, ei brawd, am ei dilyn chwaith ond pwy a ŵyr.

Ty'n Goeden oedd cartref y teulu ond mewn tŷ teras o'r enw Llys Alaw y cafodd fy mam a'i brodyr a'i chwaer eu magu. Roedd brodyr taid yn gapteiniaid llongau ac yn forwyr ac yn hen lanciau ac wrth gwrs roedd Ty'n Goeden yn gartref iddyn nhw pan fydda nhw adre o'r môr tra oedd fy nhaid yn ffarmio'r tir. Am wn i mai dyna pam nad oedd taid a nain Niwbwrch wedi magu eu teulu yn Ty'n Goeden.

Ond yn Llangefni y cefais i fy magu a hogyn o Langefni ydw i o hyd er fy mod i wedi gadael y dref i fynd i'r coleg pan oeddwn i'n ddeunaw oed ym 1968. Dim ond yn ystod gwyliau y bûm yn byw yno wedyn tan i mi adael yn llwyr ym 1973. Er bod y lle wedi newid yn eithriadol ac yn seisnigo fel pob man arall yn anffodus, dwi'n eithriadol o hoff o'r lle o hyd. Mae atgofion melys fy mhlentyndod yn ysbrydoli mwy a mwy o fy nghaneuon y dyddiau yma.

Un o Langefni oedd Maldwyn fy nhad, un o deulu Llifon House. Siop a becws oedd Llifon House yn pobi'r bara neisia' dwi wedi ei gael erioed, ond tŷ Nain oedd o i mi wrth gwrs. Un o deulu o deilwriaid oedd Taid Llifon, yntau wedi marw ymhell cyn fy ngeni. Ond mynd i'r busnes bara wnaeth o ac roedd becws mawr iawn yng nghefn siop Llifon ac arogl bara ffres hyfryd yn llenwi'r lle, ac ar ben hyn, mi fyddai Miss Hughes oedd yn gyfrifol am wneud y cacennau ar gyfer y siop yn saff o roi cacan gwstard i mi pan awn i mewn i'r becws i fusnesu. Cacan gwstard ydy fy hoff gacan i hyd heddiw ond dwi heb gael un oedd yn agos at fod mor neis â rhai Miss Hughes. Ond dwi'n dal i gadw rhyw fath o draddodiad achos mae un o duniau bara Llifon House yn dal gen i ac mi fydda i'n gwneud ambell dorth ynddo.

Roedd dau o ewythrod taid Llifon yn feirdd gwlad ac mae un ohonynt, Hywel Cefni (Hugh Evan Jones) yn cael ei enwi yn rhagair *Yr Haf a Cherddi Eraill* gan R Williams Parry fel un o'i athrawon barddol cyntaf. Roedd o wedi sefydlu siop ddillad yn Nhalysarn ac roedd brawd arall sef Cyngar (Robert Evan Jones) wedi dechrau busnes yn Llanberis ac mae o'n cael ei enwi gan T Rowland Hughes fel un o'i ddylanwadau cynnar o.

Gwas sifil oedd fy nhad yn gweithio yn swyddfeydd y Cyngor Sir. Roedd yn genedlaetholwr, yn ddyn diwylliedig iawn ac yn ddarllenwr mawr. Bu farw Dad ym 1963 yn ddim ond 48 oed ac roedd yn golled enfawr i ni fel teulu wrth gwrs a dwi'n aml yn meddwl tybed sut fath o berthynas fasa wedi bod rhwng Dad a fi wrth i mi dyfu ac aeddfedu. Roedd hefyd yn bêl-droediwr da iawn a bu'n chwarae am flynyddoedd i dîm tref Llangefni. Roedd 'na lawer o gwpanau a medalau yn tŷ ni a enillodd am chwarae pêl-droed. Cynrychiolodd ysgolion Môn hefyd ac mae gen i fathodyn o'i eiddo o hyd, bathodyn hardd iawn i roi ar boced blesyr am gynrychioli'r sir. Er i minnau etifeddu ei hoffter o bêl-droed ychydig o'i ddawn ges i. Ond wnaeth yntau ddim fy annog rhyw lawer chwaith er ei fod yn dod i wylio gemau pan oeddwn i'n chwarae i dîm Ysgol British, yr ysgol fach. Dwi'n meddwl mai'r rheswm pam nad oedd o'n fwy cefnogol oedd am ei fod yn teimlo'n euog ei fod yn chwarae ffwtbol yn rhywle pan aned Gwenda. Wnaeth o ddim chwarae llawer ar ôl hynny, a rhoddodd y teulu yn gyntaf.

Roedd fy nhad yn gapelwr mawr hefyd ond wnes i ddim etifeddu hynny o gwbl ganddo. Yn wir, mae'n gas gen i fynd i gapel, efallai am i mi orfod mynd i oedfa'r bore a'r ysgol Sul bob dydd Sul ers talwm. Doedd yr ysgol Sul ddim yn rhy ddrwg ond awr o ddiflastod llwyr oedd oedfa'r bore. Fedra i ddeud, a hynny heb gywilydd o gwbl, nad ydw i erioed wedi gwrando ar bregeth ar ei hyd yn fy mywyd – roedd fy meddwl yn crwydro'n fuan iawn ar ôl i bregeth ddechrau.

Ond, tra dwi'n sôn am y capel, un digwyddiad a achosodd embaras mawr i mi oedd taro rhech uchel. Un slei oedd hi i fod ond yn anffodus doedd hi ddim! Damwain oedd hynny, ond direidi neu ddrygioni oedd y tu ôl i ddigwyddiad arall pan fu raid i Mam fy llusgo allan o'r capel am weiddi 'cachu' dros bob man. Hogyn bach iawn oeddwn i ar y pryd ac yn amlwg doedd capel ddim yn apelio ata i hyd yn oed mor ifanc â hynny, ond roeddwn i wedi dechrau rhyw hen gast o weiddi 'cachu' yn y mannau mwyaf anaddas. Ond ella nad oes lle addas i weiddi 'cachu' dros bob man ynddo erbyn meddwl. Go brin mai gwneud sylw ar ansawdd y bregeth oeddwn i.

Ar fy ffordd adre o'r ysgol Sul unwaith, a ninnau'n dal i fyw ar stad Dolafon, mi dynnais i fy nghôt am ei bod yn ddiwrnod braf a'i llusgo adre tu ôl i mi. Wyddwn i ddim fy mod i'n gwneud dim o'i le ond hon oedd fy nghôt ora, fy nghôt dydd Sul efo coler felfed arni. Llusgais i hi adre drwy gôl tar meddal a phob dim ac mi ges ddiawl o row am hynny achos mi oedd darnau o'r côl tar wedi glynu wrth y gôt ac roedd wedi ei difetha.

Pan oeddwn i yn hogyn bach penfelyn ac wedi dechrau yn yr ysgol fach, Ysgol British, mi fyddwn yn pasio tŷ Nain ar fy ffordd adre bob pnawn a dwi'n cofio nain yn edliw i mi nad oeddwn i'n galw i'w gweld yn ddigon aml. Gwnaeth fargen efo fi y basa'n rhoi pisyn chwe cheiniog i mi bob dydd Iau taswn i'n galw heibio – pres Difiau oedd hi'n galw hwn. Ac mi weithiodd. Mi fyddwn yn galw'n rheolaidd wedyn i nôl fy mhres Difiau ganddi. Roedd cael pisyn chwe cheiniog a chacan gwstard ar ddydd Iau, diwrnod marchnad Llangefni, yn sicr yn rheswm da dros alw i weld nain. Ac roedd marchnad werth ei gweld go iawn yn Llangefni'r dyddiau hynny gyda phob math o stondinau yn gwerthu popeth o bysgod i ddillad a thŵls a geriach. Ac roedd Harry Cross yn gwerthu setiau llestri rhad iawn ac yn denu tyrfa enfawr o amgylch ei stondin drwy jyglo llestri te, ac mi fyddai torf hefyd yn hel o gwmpas stondin inja roc No 8 Llannerchymedd, pob un yn aros am 'damaid i'w brofi'. Felly roedd pisyn chwech yn ddefnyddiol iawn.

Fy nghartref cyntaf i yn Llangefni oedd tŷ cyngor ar stad fach Dolafon ac i fanno y daeth Tud ar ôl iddo gael ei eni yn 'Bangor Aye' ym 1955. Pan ofynnodd athrawes ysgol Penrallt, ysgol y babanod, i mi beth oedd enw fy mrawd bach newydd am fod, atebais i 'Ned', gan mai dyna fy hoff enw ar y pryd mae'n siŵr. Roedd 'na lawer o hogia tua'r un oed â fi yn byw yn Dolafon, rhai fel Alwyn Jones (Bigshot) a Geraint Davies (Ger Dei), felly roedd digon o ffrindiau ar gael i chwarae pêl-droed neu gowbois ac indians efo nhw. Ond tua 1957 symudon ni i dŷ ar rent yn nes at ganol y dref. Roedd yn ddigon agos at Dolafon i mi deimlo fy mod i'n dal yn aelod o'r gang, a dwi'n dal i ystyried fy hun yn un o Hogia Dolafon, neu Gnafon Dolafon, chwedl Alwyn. Mae o a Ger a fi yn Gnafon Dolafon ar Wasgar erbyn hyn er bod Ger yn dal i fyw yn Llangefni. Rhentu tai oedd y drefn bryd hynny i lawer o bobl. Roedd Gorffwysfa yn dŷ mwy ac yno y buom ni wedyn fel teulu tan i ni golli mam yn 2009 yn 92 oed. Roedd o'n dŷ braf a hapus ar hyd y blynyddoedd. Doedd 'na ddim gwres canolog bryd hynny wrth gwrs, dim ond tanau glo i ddechrau a thanau nwy wedyn. Roedd yn beth arferol iawn yn y gaeaf i rywun ddeffro a gweld rhew ar du mewn ffenestri'r llofft. Anodd iawn fyddai codi i fynd i'r ysgol ar foreau felly er bod Mam druan wedi hen godi i gynnau tân fel bod gweddill y teulu yn cael dod at ryw fath o wres ar ôl llusgo allan o'r gwely clyd.

Er fy mod i'n ddisgybl eithaf da yn yr ysgol doeddwn i'n da i fawr o ddim am wneud sỳms. Roedd *tens and units* yn iawn ond dim byd mwy cymhleth na hynny. Er, roedd 'na un math o sỳm yr oeddwn i'n ei ddeall yn iawn ac yn gallu eu gwneud yn eithaf rhwydd. Un diwrnod yn Ysgol British, gosododd Miss Williams Benllech dasg i ni i orffen rhyw ddeg o'r sỳms yma gan ddweud fod 'gwobr' i'r sawl fyddai'n eu gorffen gyntaf ac yn eu cael i gyd yn iawn. A fi enillodd! A'r wobr oedd dart – un dart – yn wobr i hogyn 7 neu 8 oed! Mae'n amlwg fod rheolau iechyd a diogelwch yn llac iawn yn y dyddiau hynny a dim yn chwerthinllyd o gaeth fel ag y maen nhw heddiw. Doedd neb yn poeni o weld criw o hogia ifanc yn chwarae efo dart yn ystod amser chwarae.

Dwi'n cofio digwyddiad arall yn gysylltiedig â dartiau hefyd. Roedd Ger Dei, Alwyn a fi wedi cael gafael ar ryw hen ddarten ysgafn iawn ac yn chwarae efo fo wrth ymyl tŷ Ger – trio ei daflu i fyny dros wifren ffôn neu drydan. Wrth gwrs, roedd hynny'n gofyn am drwbwl ac fe ddaeth y ddarten i lawr a sticio reit ar dop pen Alwyn ac mi fedra i ei weld yn glir yn fy meddwl rŵan, a golwg syn iawn arno a'r dart yn sticio i fyny o'i ben. Lwcus mai rhyw hen ddart ysgafn gwael o'r ffair oedd o.

Roedd gen i ddiddordeb mewn chwarae pêl-droed yn yr ysgol gynradd ac ro'n i'n rhan o'r tîm a enillodd gwpan ysgolion cynradd Sir Fôn. Cicio pêl fyddai rhywun bob amser chwarae bron tan i Miss Williams Benllech benderfynu fy recriwtio i fod yn rhan o barti recorder a dawnsio gwerin, ar gyfer Steddfod yr Urdd am wn i. Ac wrth gwrs, roedd yn rhaid ymarfer yn ystod amser chwarae. Ond mi gefais syniad sut i gael fy hun allan o'r sefyllfa annifyr yma a dwedais wrth Miss Williams na faswn i ar gael pan fyddai'r Steddfod yn cael ei chynnal achos mi faswn i ffwrdd ar wyliau. Roedd yn anarferol iawn i deulu fynd am wyliau efo'i gilydd yn y dyddiau hynny ac roedd Miss Williams yn gwybod yn iawn mai dweud celwydd oeddwn i, yn enwedig pan ddwedais wrthi mai i Niwbwrch at Yncl John ac Yncl Twm yr o'n i'n mynd. Yn fy niniweidrwydd doeddwn i heb ystyried bod Miss Williams yn canu yng nghôr Niwbwrch efo Mam a dan arweiniad Yncl John. Ond mi weithiodd fy nhric i serch hynny – mae'n siŵr bod Mam a Miss Williams wedi gweld nad oedd deunydd chwythwr recorder na dawnsiwr gwerin ynof i ac mi gefais fy rhyddhau o'r ddau barti. Mae'n talu i ddeud celwydd weithiau.

Rhaid i mi sôn am un digwyddiad arall, llai dymunol o lawer a ddigwyddodd pan oeddwn i yn Ysgol British pan wnaeth un athro fy ngham-drin yn rhywiol. Yn y dyddiau hynny pan oedd llefrith i gael am ddim mewn ysgolion roedd yn arferiad casglu topiau'r poteli ar gyfer y deillion ac roeddwn i yn mynd o amgylch dosbarthiadau Ysgol British yn hel y topiau poteli. Dwi'n cofio drewdod llefrith wedi suro yn y bagiau gymaint ag yr ydw i'n cofio i'r athro yma ddeud wrtha i am fynd efo fo i'r stordy i nôl y bag topiau poteli. Cododd fi i eistedd ar ei lin, deud fy mod i'n beth bach del a rhoi ei law i fyny coes fy nhrowsus bach a chwarae efo mhidlan i. Wnaeth hyn ddim cael unrhyw effaith andwyol arnaf i; dwi'n meddwl fy mod i'n rhy ddiniwed i wybod bod dim byd o'i le, ond rwy'n dal i gofio'r digwyddiad yn glir ac mae'r math yma o beth fwyfwy yn y newyddion y dyddiau hyn. Deallais wedyn bod yr athro arbennig yma wedi gwneud hyn, a gwaeth o bosib, fwy nag unwaith ac mi gafodd garchar yn y diwedd.

Dyddiau diniwed iawn oedd fy mhlentyndod yn Llangefni yn y 1950au. Pan oeddem yn dal i fyw ar stad Dolafon mi syrthiais o ben coeden (un reit isel) a glanio ar fy nghefn ar hen ddarn o goncrid. Rhedais adref yn syth dan grio a deud wrth Mam fy mod i wedi torri fy nghefn. Roedd Mam wedi bod yn nyrs yn Lerpwl adeg y rhyfel ac fe'm cysurodd fi drwy ddweud na faswn yn gallu cerdded taswn i wedi torri fy nghefn. Ychydig iawn o blant heddiw sy'n dringo coed, dwi'n ofni, ac mi fasa plentyn heddiw yn gwglo i weld beth fyddai canlyniadau torri cefn.

# Yr Hogyn yn y Llun

pwy 'di hwn a'i ben o'n waed
yn mynd am adra nerth ei draed
ac ofn drwy'i din bod o mewn strach
ond mwy o ofn gweld Washi Bach

mae'n cerdded adra dim ots am y glaw
mae 'na beint o lefrith ffresh yn ei law
mae'n gwybod y bydd 'na dân mawr glo
yn groeso adra iddo fo

dwi'n dal i'w weld o yn y llun
ac er ei fod wedi tyfu'n hŷn
dwi'n gweld yr un wên swil a'r un tawelwch
ac yn ei lygaid mae'r un hen dristwch

a phwy 'di hwn efo'r cowbois drwg
yn mynd i'r coed i lyncu mwg
hogia bach heb ddysgu'r gân
heb eto drio rhoi'r byd ar dân

ar hyd y lein draw at y llyn
heb syniad be' sy' dros y bryn
trio mynd i ben draw'r byd
ond dod yn ôl i'r un hen le o hyd

ac mae'r llun ohono fo
yn codi gwên ac yn procio'r co'
golwg reit freuddwydiol arno
fel'na'n union dwi'n ei gofio fo

*Dad a Mam*

a phwy 'di hwn ar ysgafn droed
yn mynd ar lwybr cudd y coed
law yn llaw â'r ferch lygatddu
hon yw'r un roedd o'n ei charu

poeni dim am beth a ddaw
poeni llai am gawod law
mae'n gwybod bydd 'na dân mawr glo
yn groeso adre iddo fo

a dyma lunia'r hafau hir
y llunia dwi'n eu gweld mor glir
hen hen lunia hen atgofion
pan oedd y dyddia'n llawn breuddwydion

Mae'r gân yma'n sôn am Langefni pan oeddwn i'n tyfu ac yn fwy penodol ella am Nant y Pandy lle'r oeddem yn chwarae gan amlaf. Nant y Pandy ydy'r enw Cymraeg, ond i bobl Llangefni Y Dingle ydy'r enw ar y goedwig sydd ar gyrion y dref. Pan oeddwn i'n hogyn ro'n i'n meddwl mai enw Cymraeg oedd Dingle beth bynnag ac roedd Pandy i ni yn golygu un rhan benodol o'r lle, nid y goedwig i gyd. A gyferbyn â'r fynedfa i Nant y Pandy yr oedd llaethdy Minafon ac yn aml ar fy ffordd adre ar ôl bod yn chwarae mi fyddwn yn cnocio'r drws cefn a gofyn i Mr Jones am beint o lefrith ac iddo ei roi i lawr ar fil mam, ond y fi fyddai yn ei yfed ar fy ffordd adre wrth gwrs.

Roedd Llangefni yn lle braf iawn i dyfu i fyny ynddo yn y 50au a'r 60au. Mae nifer o fy nghaneuon mwyaf diweddar wedi bod yn edrych yn ôl ar y cyfnod yma. Yn fy nghân *Llwybrau'r Cof* dwi'n sôn am y Nadolig ar y gorwel a dwi'n cofio'n iawn, ac yn hiraethu, am yr awyrgylch fyddai yn y dre yn yr wythnosau cyn y Nadolig. Roedd 'na rywbeth eithaf hen-ffasiwn rywsut a rhyw gynnwrf yn cynyddu wrth i'r Dolig agosáu. I ychwanegu at yr edrych ymlaen roedd noson wedi'i neilltuo pan fyddai'r goleuadau Dolig yn cael eu tanio, gan ryw 'celebrity' weithiau, pobl fel Alan Taylor cyflwynydd *Mr & Mrs*. Mi fyddai teganau Dolig ac anrhegion plant yn ymddangos yn rhai o siopau'r dre ac roedd hynny wrth gwrs yn cynyddu'r cynnwrf i hogyn ifanc. Yn siop Idris Hughes, heb fod ymhell o orsaf drenau Llangefni, mi fyddai un ffenest yn cael ei neilltuo i arddangos set drên trydan yn mynd rownd a rownd a thrwy dwnnel ac ati. Roedd yn rhaid stopio i wylio'r trên ar y ffordd adref o'r ysgol bob dydd. Mae 'na ryw atyniad mawr mewn trenau trydan i hogiau, er, pan gefais i un fy hun wnes i fawr o ddefnydd ohono.

Ro'n i wrth fy modd efo Nadolig a dwi'n dal i fod felly.

Mae pethau wedi newid cymaint ers y dyddiau diniwed hynny o ran beth mae plant yn ei gael a faint sy'n cael ei wario arnyn nhw. Rhywbeth yn debyg fyddai pawb yn ei gael ers talwm – doedd gan fy rhieni i yn sicr ddim modd i wario'n wirion ar bob dim faswn i wedi eu rhestru y baswn i'n lecio eu cael. Ac roedd yr un peth yn wir am fy ffrindiau hefyd; dwi ddim yn cofio neb yn teimlo'n eiddigeddus bod un wedi cael mwy na'r llall. Un anrheg 'mawr' fasa – beic (ail-law), neu bêl ffwtbol, a rhyw fanion eraill. Mi fasa ni'n cael un o hen sanau ffwtbol Dad yn llawn o bethau fel afal, oren a chnau a rhyw fân bethau eraill a hen gasyn gobennydd fel sach efo pethau ychydig yn fwy swmpus. Roedd yn help cael llawer o fodrybedd ac ewythrod i chwyddo'r pentwr anrhegion ac roedd teulu dad a mam yn deuluoedd reit fawr.

Dim ond adeg y Nadolig y byddai rhywun yn cael sbrowts ers talwm, yn syml am mai dyna pryd yr oeddent yn eu tymor. Mae modd eu cael ar hyd y flwyddyn erbyn hyn, yn ogystal â thanjerîns a chnau mwnci, ond pob dim yn ei dymor oedd hi pan o'n i'n hogyn, a'r rhan fwyaf yn lleol. Dwi yn meddwl bod pobl yn bwyta'n well ers talwm yn gyffredinol efo bwydydd syml lleol yn bennaf a dim ond ambell bryd o siop jips Winnie Welsh yn drît. Yn sicr roedd cinio'r ysgol yn llawer iawn gwell a mwy maethlon bryd hynny, a digon ohono i'w gael. Doedd archfarchnadoedd ddim yn bod yn y dyddiau hynny ac roedd siopau bwyd, ffrwythau, llysiau a chig yn ffynnu ac yn gwerthu cynnyrch lleol. Roedd blas moron Niwbwrch o bridd tywodlyd Yncl Twm neu Yncl Ifor yn hyfryd tu hwnt a chymaint melysach a mwy blasus na'r hen foron glân o bell sydd ar gael yn amlach na pheidio y dyddiau hyn.

Pan oeddem ni'n blant wrth gwrs doedd 'na ddim sôn

am gyfrifiadur a ffonau symudol. Digon prin mewn gwirionedd oedd cael ffôn yn y tŷ – roedd gan fy nain un wrth gwrs oherwydd y siop, a rhif hwnnw oedd Llangefni 3205. Llangefni 3204 oedd rhif ffôn tŷ'r Prifardd Rolant o Fôn. Pan gawsom ni ein ffôn cyntaf yn Gorffwysfa roeddem yn gorfod rhannu'r lein efo rhywun arall – yr hyn a elwid yn *party line*, lle'r oedd yn rhaid pwyso botwm ar dop y ffôn i gael lein cyn ffonio neb. Ond yn aml wrth godi'r ffôn byddai rhywun yn clywed sgwrs y rhai oedd yn rhannu'r lein â ni. Ciosgs fyddai'r rhan fwyaf yn eu defnyddio ac mi fyddai raid rhoi grôt (pedair hen geiniog) i mewn ac yna bwyso botwm 'A' os oedd rhywun yn ateb a botwm 'B' os nad oedd, er mwyn cael eich grôt yn ôl. Roedd yn arferiad gennym ni bwyso botwm 'B' wrth basio ciosg rhag ofn bod rhywun wedi anghofio ac weithiau roeddem yn lwcus i gael grôt am ddim.

Allan yr oedd plant yn chwarae ers talwm bob cyfle a geid. Y Coed Mawr a Nant y Pandy oedd ein nefoedd ni ar gyfer chwarae cowbois, rhyfel neu adeiladu den a phethau felly, neu osod rhaff wrth gangen er mwyn chwarae Tarzan. Yn y gwanwyn mi fyddai carped glas hyfryd o glychau'r gog dan y coed a'r 'gwyllt atgofus bersawr' yn llenwi'r lle. Wrth i ni dyfu mi fyddai'r coed yn rhywle i fynd i smocio, yfed dan oed a charu. Mae'n braf iawn cael cofnodi fod Cyngor Môn wedi gwario arian sylweddol ar adfer Nant y Pandy, ailgodi'r gored a'r llamfa eogiaid wrth ymyl Llyn Pwmp a chwalwyd mewn llif anarferol o gryf ac wedi creu llwybrau hyfryd sydd yn mynd â'r cerddwr i fannau nad oeddem ni yn gallu eu cyrraedd pan oeddem yn blant. Mae'r llwybrau yn rhai o atyniadau hyfrytaf Llangefni ac mae'n braf mynd yno pan ga'i gyfle i hel atgofion a hiraethu.

Mae Nant y Pandy wedi newid er gwell ond dydy

hynny ddim yn wir am Langefni at ei gilydd. Mae'r cae sêl wedi hen fynd er mwyn gwneud lle i blydi Asda – prin iawn y clywir y Gymraeg yn Asda Llangefni. Yn waeth na hynny, er mwyn creu lôn newydd at yr hen siop anghynnes 'ma cafodd tŷ fy Nain ei ddymchwel. Er mai stordy i siop Burgess oedd tŷ Nain ers dechrau'r 1970au roedd yn dal yn bosib darllen enw'r siop ar dalcen y tŷ ac fel tŷ Nain yr oeddwn i'n meddwl am y lle bob amser. Mae Burgess hefyd wedi diflannu erbyn hyn yn ogystal â llefydd eraill oedd yn bwysig ryfeddol i ni pan oeddem yn tyfu, llefydd fel caffi Penlan, siop jips Winnie Welsh a phictiwrs yr Arcadia lle des i'n ffrindiau da â Tarzan a John Wayne.

Cae sêl oedd yr OK Corral pan oedd ar gau ar gyfer ei fusnes arferol; roedd digon o lefydd i guddio yma. Roedd hefyd yn rhywle arall ar wahân i Nant y Pandy i fynd i garu gyda'r nos os oedd y tywydd yn wael, gan fod mannau dan do yno fel cwt yr ocsiwnïar fyddai byth ar glo. Roedd y lle yn fwrlwm ar ddydd Mercher a dydd Iau ers talwm efo ffarmwrs ac anifeiliaid. Yma y byddai Jac Beti yn teyrnasu, dyn y sgwennais gân amdano. Dwi'n cofio Dad yn pwyntio ato o flaen tafarn y Ship (sydd hefyd wedi diflannu yn anffodus iawn) a deud mai fo oedd cowboi olaf Sir Fôn. A dyna oedd o hefyd deud y gwir, porthmon fyddai'n gyrru gwartheg ar ddiwedd y dydd o'r cae sêl i ffermydd a thyddynnod gwahanol. Ond roedd elfen lai parchus ar ddiwrnod sêl hefyd ac roedd rhyw ddwy neu dair o ferched canol oed fyddai'n cynnig eu gwasanaeth ac yn rhoi cysur i ambell ffarmwr unig yn Nant y Pandy. Gan ei bod yn arfer gennym ni hogia ddod adref o'r ysgol fawr drwy'r coed er mwyn cael smôc, mi fyddem yn taro ar draws rhai o'r cyplau hyn weithiau yn tuchan dan y dail, a doedd dim sôn am fynd y ffordd arall heibio chwaith, dim heb weiddi rhywbeth er mwyn iddyn nhw gael gwybod eu bod wedi cael copsan. Roedd un rhan o'r coed yn cael ei adnabod fel 'ffycars den' hyd yn oed.

Ym mis Medi 1961 dechreuais yn yr ysgol fawr yn fy nhrowsus bach a fy mag ysgol lledr newydd o Express Leather ar fy ysgwydd. Dwi'n cofio teimlo'n eiddigeddus o'r disgyblion hŷn efo'u bagiau blêr, meddal efo enwau grwpiau a sêr pop y dydd wedi'u sgwennu arnynt ac yn llawn dop o lyfrau tra bod fy mag bach i yn wag ar wahân i gas pensiliau a chondoms (dydy hynna ddim yn hollol wir gyda llaw).

Ro'n i'n ffrindiau mawr yn yr ysgol efo Dafydd Bayley Hughes, mab person Llangefni. Fe ddaeth Dafydd a'i deulu i fyw i Langefni tua 1962. Brawd hŷn Dafydd ydy Michael Bayley Hughes y gwneuthurwr ffilmiau sydd wedi cyfrannu rhaglenni difyr iawn i S4C dros y blynyddoedd. Roedd Michael ryw bedair blynedd yn hŷn na Dafydd a ni ac yn gwrthod cael dim i'w wneud â ni wrth gwrs; mae pedair blynedd yn wahaniaeth mawr yn yr oed yna. Roedd o a'i ffrindiau wedi dechrau grŵp o'r enw'r Beathovens ac er mwyn ymarfer ac ati roedden nhw wedi addasu seler y Rheithordy yn rhyw fath o glwb nos tebyg i'r Cavern enwog. Chwarae teg, roedden nhw wedi gwneud job dda iawn o'r lle, wedi paentio enwau grwpiau mawr y dydd ar y waliau, creu bar, gosod rhwydi pysgota ac ati ar y waliau. Pan adawodd Michael yr ysgol mi etifeddwyd y selar gan Dafydd a'i ffrindiau.

Roedd Dafydd ryw wythnos yn hŷn na fi ac roedd y ddau ohonom yn rhannu'r un hiwmor, a'r un diddordeb mewn cerddoriaeth hefyd. Pan oedd Dafydd yn 16 oed mi arhosodd wythnos nes yr oeddwn innau hefyd yn 16 cyn i ni'n dau gerdded allan o'r ysgol a thanio sigarét ar y stryd dan drwyn y plismon oedd ar ddyletswydd ar waelod y dreif. Yn yr un modd, pan oedd yn 18 arhosodd wythnos cyn i'r ddau ohonom gerdded yn llanciau drwy ddrws ffrynt y Ship yn hytrach na'r drws cefn.

Doeddem ni'n gwneud fawr ddim gwaeth yn y Selar na smocio – dwi ddim yn cofio i ni gario unrhyw ddiod feddwol yno. Yn sicr ddigon doedd dim cyffuriau, roedd pethau felly yn ddiarth hollol i ni. Dydy hynny ddim yn wir o bell ffordd am Langefni heddiw yn anffodus.

Dim ein bod ni'n angylion bach diniwed bob amser chwaith. Pan oeddem ni tua phymtheg oed mae'n siŵr fe ddechreuon ni chwarae triwant o'r ysgol, yn ddyddiol bron ar un adeg. Roedd ffrind i ni o'r enw Owen James yn byw mewn tŷ reit wrth ymyl yr ysgol ac i fanno yr oedden ni'n mynd i chwarae triwant. Tasa ni wedi cerdded deg llath ymhellach mi fasa ni yn yr ysgol. Ac wrth gwrs, ar ôl gwneud hyn am gyfnod fe gawsom ein dal a chael cansan am ein drygioni.

Er cymaint o ffrindiau yr oedd Dafydd a fi yn yr ysgol, yn rhyfedd iawn unwaith yr oedd y ddau ohonom wedi gadael yr ysgol doeddem ni ddim yn gwneud cymaint â'n gilydd ac mi gollwyd cysylltiad yn llwyr ar ôl dipyn. Mi fu Dafydd druan farw yn rhy ifanc o lawer.

Yr athro gorau a gefais yn yr ysgol yn ddi-os oedd Dan Jones, yr athro Saesneg. Roedd yn bleser cael mynd i'w wersi a doedd o byth yn cael trafferth efo neb yn ein dosbarth ni gan ei fod mor ddifyr. Bu'n ddylanwad mawr arnaf yn y dyddiau hynny ac mi daniodd fy niddordeb mewn llenyddiaeth Saesneg nes i mi feddwl, y ffŵl ag oeddwn, y basa bod yn athro Saesneg yn yrfa ddigon derbyniol i minnau. Ond mae'r diddordeb mewn darllen a llenyddiaeth o bob math wedi aros efo fi.

Rhaid sôn am un athro arall hefyd ac un wers yn arbennig. Roedd un o athrawon ysgrythur ysgol Llangefni yn credu'n gryf mewn disgyblaeth. Er na welais erioed mohono yn taro neb roedd ganddo ddawn anhygoel i gadw trefn ar y disgyblion mwyaf anystywallt. Cyn iddo gyrraedd ystafell ddosbarth roedd yn rhaid i'r desgiau fod yn berffaith syth a rhaid oedd cael bwlch cyfartal rhyngddynt. Doedd fiw i neb siarad, nac edrych o'i gwmpas yn ystod ei wersi – gallai edrych yn gas os oedd rhywun yn digwydd tisian hyd yn oed. Ei ddull o ddysgu fyddai traethu ar ei bwnc am gyfnod ac yna arddweud (dictêtio) nifer o gwestiynau ar y wers i ni eu hateb fel gwaith cartref.

Yn ystod un wers roedd wedi traethu am y proffwyd Amos a'r modd yr oedd hwnnw'n feirniadol o gyfoethogion y cyfnod oedd yn ddiog ac yn farus. Pan ddaeth yn amser arddweud y brawddegau i'w hateb, heb unrhyw rybudd daeth y frawddeg ganlynol: 'Rhowch enghraifft o wanc y cyfoethogion'. Doedd fiw i neb hyd yn oed biffian chwerthin neu mi fasa croesholi a gofyn pam ac ni fyddai'r athro wedi gorffwys tan y byddai wedi cael esboniad llawn. Felly dyna ble'r oeddem ni, griw o fechgyn yn ein harddegau efo meddyliau budron iawn yn brathu ein bysedd neu'n stwffio llewys ein cotiau i'n cegau, unrhyw beth i beidio â chwerthin.

# Cofio dy Wyneb

dwi'n cofio gweld y lleuad yn wyn fel yr haul
a'r tywod fel eira yn y golau
dy law di yn fy llaw i'n oer
a'th drwyn di fel trwyn Esgimo
ond dyma be dwi'n gofio orau
*cofio dy wyneb yn edrych ar fy ngwyneb*
*dy lygaid yn edrych i fy llygaid*
*dy law ar fy ysgwydd*
*a'th galon ym mhoced cesail fy nghôt*

dyw Benllech ddim yn nefoedd
nenwedig yn yr haf
ond roedd dy gwmni di yn ei wella
ond chydig a wyddwn i
fod y tywydd ar droi
a mod i ar fin dy golli
*ond rwy'n cofio dy wyneb.....*

nid af i Benllech eto
mae'r haf wedi mynd
a'r ceir 'di mynd dros Bont Borth am adra
a gadael a wnaethost ti
a gwn na ddoi di byth yn ôl
ond eto pan ddaw'r haf mi fydda'i'n
*cofio dy wyneb.....*

*Gwenda a Meic*

Mae'r gân hon yn son am noson benodol pan oeddwn i ar draeth Benllech gyda'r nos rywdro yn ail hanner y 1960au. Er bod sôn yn y gân am geir yn gadael Sir Fôn dros y bont, merch o Sir Fôn ydy gwrthrych y gân. Wnes i ddim ei gweld ar ôl yr haf hwnnw tan iddi ddod i fyny ataf yn Steddfod 2018 ar ôl i Tud a fi gynnal sesiwn yn y Babell Lên. Roedd hanner canrif wedi mynd heibio ers y noson a ddisgrifir yn y gân ond eto mae'r atgofion o'r noson honno yn dal mor fyw i mi.

Erbyn hyn dwi wedi newid llinell yn y gân oedd yn sôn am 'Bont Menai'. Roedd y llinell wreiddiol wedi bod yn fy mhoeni fwy a mwy a deud y gwir achos does neb yn Sir Fôn yn cyfeirio at bont Telford fel Pont Menai – Pont Borth neu Bont y Borth ydy hi, a dydy Pont Menai yn ddim ond cyfieithiad o Menai Bridge. Dwi'n falch bo fi wedi cael cyfle i gywiro hynny.

Roedd Benllech yn un o'r mannau yr oeddem ni'n mynd iddo yn yr haf pan oeddem yn ein harddegau. Erbyn hynny roedd Nant y Pandy a'r Coed Mawr wedi peidio â bod yn rhywle i fynd i chwarae cowbois ac yn rhywle i fynd am dro efo merched yn hytrach neu i eistedd yno efo ffrindiau gyda'r nos yn siarad a smocio. Roedd cerddoriaeth yn hynod o bwysig i mi a fy ffrindiau ac roedd gwrando ar raglenni fel *Pick of the Pops* ar nos Sul yn hanfodol i gael gweld pwy oedd wedi cyrraedd brig y siartiau. Ac yn lle mynd i'r coed i chwarae bellach roeddem yn treulio ein Sadyrnau yn mynd i Fangor i siopa am ddillad neu yn eistedd yng nghaffi Penlan yn gwrando ar y jiwcbocs mawr neu chwarae'r peiriant *pinball*.

Rhywle arall lle'r oeddem yn gallu gwrando ar ganu pop y cyfnod, a hynny'n rhad ac am ddim, oedd yn ffair Newsome's – y sioe fach – fyddai'n galw yn Llangefni am ryw wythnos bob blwyddyn. Mi fyddai pawb wrth eu boddau pan fyddai'r gwaith o godi'r sioe ar y cae pêl-droed yn dechrau ac roedd yn rhaid mynd yno bob nos pan fyddai'r sioe yn y dref. Roedd pob math o atyniadau yno o siglenni fel cychod bach a mawr, ceffylau bach, stondin daro coconyts, pêl ddyrnu oedd yn atyniad i'r hogia hŷn a'u gwalltia'n sgleinio o saim oedd yn dod i'r ffair yn llawn cwrw i ddangos eu hunain. Roedd stondin *roll-a-penny*, stondin ddartiau lle'r oedd yn rhaid taflu dart eithriadol o dila ac ysgafn (yr un math â'r un a laniodd ar ben Alwyn) a thrio taro cardyn ac yna rhyw gêm o daflu peli ping-pong i ddysglau gwydr i ennill pysgodyn aur.

Wedyn roedd pabell oedd yn rhyw fath o *penny arcade* efo pob math o beiriannau trio cael peli i dyllau, ond y peiriant mwyaf poblogaidd o lawer yma oedd un lle'r oedd modd ennill Woodbine damp. Sawl ceiniog a wastraffwyd yma yn trio ennill un o'r sigaréts hyn wn i ddim, ond o roi ein ceiniogau at ei gilydd mi fasa ni wedi gallu prynu deg o Woodbine yn ddigon hawdd.

Ar ôl gwario'n pres mi fyddem yn mynd i sefyll wrth y ceir taro neu'r woltsyrs a gwrando ar y recordiau fyddai'n cael eu chwarae drosodd a throsodd. Yma y clywais *Battle of New Orleans* gan Lonnie Donegan am y tro cyntaf a gwirioni'n lân. Roedd Lonnie yn arwr mawr i mi ac mi gefais y fraint o gwrdd â fo flynyddoedd lawer wedyn. Roedd y rhan fwyaf o sêr pop y cyfnod yn cydnabod eu dyled fawr i Lonnie Donegan.

Yn y sioe fach y cefais wers amhrisiadwy i mi sef nad yw hap chwarae yn talu. Mi gefais lwc anhygoel un tro wrth chwarae rhyw beiriant ac ennill llond poced o bres ond yn lle mynd adre efo poced lawn mi fûm yn ddigon barus i drio ennill mwy a cholli'r cyfan. Mi galliais yn ddigon buan i ddefnyddio fy ngheiniogau olaf i brynu ci poeth cyn ei throi am adre. Sgin i ddim diddordeb o gwbl ers hynny mewn peiriannu gamblo o unrhyw fath nac mewn rasys ceffylau.

Ar yr un cae hefyd mi fyddai syrcas yn ymweld â'r dre weithiau ac mae gen i frith gof o weld rhes o eliffantod yn gorymdeithio drwy'r dref o'r orsaf. Roedd hynny rywdro cyn 1964 gan mai dyna pryd y penderfynodd yr hen Ddoctor Beeching cibddall gau gorsaf Llangefni ynghyd â nifer fawr o rai eraill, sy'n rhannol gyfrifol am y llanast ar lonydd y wlad heddiw. Dwi'n cofio eistedd o flaen tanllwyth o dân glo yn yr ystafell aros ar y noson yr oedd yr orsaf yn cau ym mis Rhagfyr oer 1964. Pan fyddem yn dod i lawr yr allt o'r ysgol uwchradd ac yn gweld bod trên yn yr orsaf mi fyddai'n ras i gyrraedd y bont er mwyn cael sefyll arni i gael ein hamgylchynu gan gymylau o stêm wrth i'r trên gychwyn am Fangor.

Yn yr haf roedd Benllech yn atyniad i ni pan oedd y tywydd yn braf, ac wrth gwrs, wnaeth hi ddim bwrw glaw o gwbl drwy gydol hafau fy arddegau – wel, dwi ddim yn cofio hynny beth bynnag. Wrth gwrs bod traethau llawer brafiach na thraeth Benllech yn Sir Fôn, ond doedd hi ddim mor hawdd eu cyrraedd tra bod Benllech o fewn cyrraedd hawdd ar fws, ar gefn beic, neu drwy fodio. Roedd mwy o atyniadau yno hefyd gan nad oeddem yn mynd yno i orwedd yn yr haul beth bynnag. Mi fyddai sioe fach Newsome's yno drwy'r haf, ac roedd caffi'r Wendon yn rhywle i eistedd ynddo i wastraffu amser a llygadu merched.

A phan oeddem yn ddigon hen i fynd rownd tafarndai, yn hytrach na mynd am beint i Langefni, unwaith yr oedd Rees Roberts, un o fy ffrindiau gorau yn yr ysgol, wedi pasio ei brawf gyrru mi fyddem yn mynd i'r Breeze Hill ym Menllech. Roedd mwy o fwrlwm yno na thafarndai Llangefni a mwy o ferched oedd yn aros yn y meysydd carafanau.

Cyn i neb gael car, yr unig le i glywed cerddoriaeth fyw bryd hynny oedd yn y ddawns fyddai'n cael ei chynnal bob nos Sadwrn yn Neuadd y Dre. Mae fy nghaneuon *Nos Sadwrn yn y Dre* a *Nos Sadwrn Arall* wedi trio cyfleu rhywfaint o fwrlwm y nosweithiau hynny. Mi fyddai pobl ifanc yn heidio i'r dre o bob rhan o Sir Fôn a thros y dŵr hefyd ac mi fyddai cannoedd ar hyd y lle. Yn union fel nos Sadwrn mewn unrhyw dref fawr heddiw roedd llawer iawn o hel diod, ond roedd elfen lawer mwy diniwed bryd hynny hefyd. Byddai criwiau o fechgyn yn ymgasglu yn nrysau siopau (drws mawr siop Bradleys oedd y man gorau gan ei fod gyferbyn â'r neuadd) yn gwylio criwiau o ferched yn cerdded i fyny ac i lawr y stryd. Mi fasa Desmond Morris wedi cael modd i fyw yn Llangefni ar nos Sadwrn ers talwm yn gwylio'r epaod dynol.

Un grŵp fyddai'n chwarae yn y ddawns fel rheol os cofia i'n iawn ac mi fyddai raid iddyn nhw weithio'n galed iawn o tua 7.30 tan 11.00 heb fawr o seibiant. Yr un grwpiau fyddai'n ymddangos yn eu tro hefyd, rhai fel The Four Dimensions, y Cossacks, Mo and the Mystics, Infamous Coalition, Dino and the Wildfires ond y ffefrynnau o ddigon oedd yr Anglesey Strangers. Roedd y Strangers yn broffesiynol ym mhob agwedd, wedi eu gwisgo'n smart ac yn chwarae gitarau gwerth pres mawr.

Y nod i mi a fy ffrindiau oedd cael mynd i mewn i'r ddawns am ddim a'r tric oedd sefyll ar dop grisiau Neuadd y Dre wrth y bocs talu ac edrych yn ddiniwed. Doedd byth broblem cael i mewn i ddawnsfeydd er budd y Frigâd Dân gan y byddai Yncl Aled, brawd Dad, bob amser wrth y drws ac yn rhoi stamp ar gefn fy llaw i a'm ffrindiau. Sgin i fawr o gof, deud y gwir, o orfod talu i fynd i mewn. Mi fasa'n costio pum swllt i fynd i mewn beth bynnag ac roedd isho gwneud yn siŵr bod digon o bres i gael sgodyn a sglodion o fan Fred fyddai wedi ei pharcio wrth ymyl y cloc bob nos Sadwrn, ac amseru hynny fel ein bod ni yno pan na fyddai'r ciw yn rhy hir neu pan oedd Fred yn dechrau mynd yn brin o bysgod a thatws.

Mi fyddai rhywfaint o gwffio hefyd wrth gwrs. Roedd hynny i'w ddisgwyl erbyn diwedd y nos pan fyddai ambell un wedi cael gormod o gwrw neu pan oedd rhyw bishyn neu'i gilydd mewn sgert gwta wedi denu sylw dau geiliog oedd yn gwrthod ildio. A wnâi hi ddim mo'r tro o gwbl i ddawnsio efo lefran rhywun arall. Ond drwy gymysgedd o ddwy droed chwith a natur cachwr llwyddais i osgoi pob ffeit.

Wrth gwrs, roedd colegau Bangor yn gallu denu grwpiau mwy adnabyddus ond sut oedd modd i hogyn ysgol fynd i nosweithiau felly? Ni ellid dibynnu ar y bws yn sicr, ac ychydig iawn o fy ffrindiau oedd yn gallu gyrru car. Roedd Gwenda erbyn hyn wedi mynd i goleg Abertawe ac o bryd i'w gilydd mi fyddai'n dod adre am benwythnos ac yn llusgo ei chariad ar y pryd efo hi, ac roedd gan hwnnw gar! Dyna sut y daeth cyfle i weld rhai o grwpiau enwocaf a gorau'r cyfnod. Cefais gyfle nid yn unig i weld Joe Cocker ond i gwrdd ag o wedyn ac i mi gael brolio ymhellach, sefais yn y stondin biso drws nesaf i Rory Gallagher, fy hoff gitarydd erioed.

Rai blynyddoedd wedyn, yn sgil Gwenda a'r cariad, a oedd yn ŵr iddi erbyn hynny, daeth pob Nadolig a phen-blwydd efo'i gilydd. Roeddwn i'n aros efo nhw yng Nghaerdydd pan aethom i ŵyl fawr y *Bath Festival of Blues and Progressive Music* ym 1970 yn Shepton Mallet. Roedd hon ymhell cyn Glastonbury a gwyliau cyffelyb ond dwi'n cofio'n iawn fod glaw trwm a mwd yno hefyd. Doedd gennym ni ddim pabell a fawr ddim bwyd ar wahân i duniau bîns a chysgu lle'r oeddem mewn sachau cysgu wnaeth y criw yr oeddwn i efo nhw, i gyd dan darpwlin plastig mawr yn llwch sment drosto. Oherwydd y glaw a'r llwch roedd ein gwalltiau'n galed erbyn diwedd y penwythnos.

Mewn ychydig ddyddiau cefais weld rhai o grwpiau ac unigolion enwocaf y dydd heb orfod symud o fy llecyn ar y cae mwdlyd – Canned Heat, Fairport Convention, Jefferson Airplane, Byrds, Frank Zappa, Led Zeppelin, Country Joe a nifer o rai eraill. Roedd y gerddoriaeth yn mynd ymlaen tan yr oriau mân ond rhwng blinder ac ambell swal ar sigarét amheus doeddwn i ddim yn hollol effro i bob dim ond y ddau enw a wnaeth yr argraff fwyaf o ddigon arnaf i oedd Pink Floyd a Johnny Winter.

Rai blynyddoedd wedyn, pan oedd Gwenda'n briod â dau o blant bach mi galliodd ddigon i adael ei gŵr ac ymhen amser symudodd i fyw efo Meic Povey, ac yna ei briodi. Mi fu Meic yn fwy o dad o lawer i Catrin a Llion na'u tad iawn ac roedd wedi gwirioni pan ddaeth yn daid i Jaco a Meri bach. Roeddwn i wedi bod yn ffrindiau efo Meic ers dyddiau coleg pan ddaeth i Fangor i ymuno â chwrs hyfforddi Cwmni Theatr Cymru. Un arall a ddaeth ar y cwrs hwnnw ac a ddaeth yn ffrind oes oedd Dafydd Hywel. Fel mae'n digwydd roedd Dafydd wedi bod yn yr un coleg â Gwenda ac yn ei nabod yn iawn ac roedd hi wedi sôn wrtha i am y cymeriad yma fyddai'n mynd i ddarlithoedd yn ei slipars.

Mi fu Meic yn ffrind ac yn frawd yng nghyfraith da iawn a hynod gymwynasgar i mi dros y blynyddoedd ac roedd yn bleser cael mynd efo fo ar ambell daith i Efrog Newydd ac i Krakow. Roeddem yn ddau deithiwr cytûn iawn fyddai'n hollol fodlon ildio i'r awydd i dorri syched tua'r un amser bob pnawn, ac yn gwneud yn siŵr bod y diawl wedi'i dorri'n iawn cyn clwydo. Yn ddiweddarach o lawer Meic oedd ceidwad y citi pan fyddai criw ohonom yn mynd ar dripiau i Iwerddon ac mae'n rhaid bod hynny'n rhywbeth yn y Poveys fel teulu achos mae Iolo wedi cymryd y cyfrifoldeb hwnnw bellach gyda'r un gofal a brwdfrydedd. Byddai Meic hyd yn oed yn dweud wrthym pan oedd hi'n saff i groesi'r lôn!

Yna pan aeth Gwenda yn sâl roedd yn andros o gefn iddi hi ac i'r teulu. Amseru creulon iawn oedd bod Gwenda wedi clywed bod cansar arni ychydig ar ôl i mi ddod o'r ysbyty wedi llawdriniaeth ar fy nghalon ac wedi mynd i aros at Gwenda a Meic i gael fy nyrsio, i fod. Bu farw Gwenda annwyl yn 2007 ac yna, yn greulon eto, yn 2017 cafodd Meic glywed ei fod yntau yn dioddef o gansar. Doedd y peth ddim yn bosibl. Sut allai'r graig yma, y cawr cryf yma fod yn sâl? Doedd o byth yn sâl. Roedd o'n reit hyderus i ddechrau, fel pawb ohonom, oherwydd bod y rhagolygon yn weddol gadarnhaol. Cafodd lawdriniaeth i dynnu ysgyfaint ac yna aeth drwy gyfnod o gemotherapi 'jest i wneud yn siŵr'. Roedd pethau'n edrych yn addawol iawn ac roedd yn dechrau gwneud trefniadau at y dyfodol efo Gwenno, gweddw Sbardun. Ym mis Medi'r flwyddyn honno cafodd y newyddion gorau bosib yn yr ysbyty ei fod yn glir o gansar.

Ond ar fore Sul, 29 Hydref, cefais alwad ffôn gan Catrin, galwad rhy gynnar i fod yn alwad deud helo neu wahoddiad i ginio, yn dweud bod Meic yn ôl yn yr ysbyty a'u bod wedi darganfod cansar ar yr ymennydd. Roedd y byd yn lle braf ym mis Medi ond yn sydyn roedd cwmwl drosto unwaith eto. Ond wnaeth y salwch darfu dim ar ei hiwmor du ac roedd yn dal i gracio jôcs. Bu farw Meic ar 5 Rhagfyr 2017, wythnos ar ôl ei ben-blwydd yn 67.

# Tyrd i Ffwrdd

Tyrd i ffwrdd yn gynnar yn y bore
tyrd i ffwrdd gyda mi
awn am dro i ganol y blodau
mae'n fore rhaid mynd i ffwrdd

Tyrd i ffwrdd tyrd i ffwrdd
tyrd i ffwrdd gyda mi
awn am dro i ganol y blodau
mae'n fore rhaid mynd i ffwrdd

Mae miwsig yn galw o donnau yr eigion
a murmur y brwyn ar y lan
mae brenin Atlantis yn ein galw ni yno
mae'n fore rhaid mynd i ffwrdd

Gorwedd yn dy freichiau ar y tywod cynnes
cysgodi rhag y gwynt o'r môr
clywed unwaith eto y gân yn fy nghlustiau
yn dod o bibellau y wawr

*Y Tebot Piws (Pws yn amlwg yn mynd drwy'i bethau)*

Gadewais yr ysgol ym 1968 a mynd am y coleg – Coleg Hyfforddi Cyncoed. Mynd yno i astudio Saesneg fel prif bwnc wnes i a hynny oherwydd dylanwad un dyn, Dan Jones, athro Saesneg goleuedig a charismataidd iawn. Ond buan y sylweddolais nad oeddwn yn gyffordus iawn yn siarad Saesneg heb sôn am drio ei ddysgu fel pwnc i neb.

Ond roeddwn hefyd yn astudio Cymraeg fel pwnc atodol ac wrth gofrestru ar gyfer y cwrs Cymraeg y des i ar draws rhywun a fyddai'n chwarae rhan fawr yn fy mywyd am yr hanner canrif nesaf bron. Cefais fy nghyflwyno y tu allan i'r ystafell Gymraeg i ryw hipi efo mop o wallt cyrliog, siwmper batrymog liwgar a jîns blêr. Fe wyddwn o'r cychwyn ei fod yn gymeriad reit wahanol a gwreiddiol. Roedd ganddo chwerthiniad gwallgo a dau lygad llawn direidi (llygaid lŵni fyddai Pws yn eu galw) ac i gwblhau'r darlun o rywun allan o'r cyffredin roedd wedi colli un o'i ddannedd blaen wrth chwarae pêl-droed. Roedd y bwlch hwn yn ei wên yn handi iawn iddo ar adegau fel rhywle i wejio ei sigarét er mwyn cael chwerthin heb ei thynnu o'i geg. Ac roedd gan hwn yr hyfdra i ddweud wrthyf ei fod yn gwybod o'r cychwyn, o'r cyfarfyddiad cyntaf hwnnw nad oeddwn i'n gall iawn! Sbardun oedd hwn wrth gwrs, ac mi fuom ni'n ffrindiau pennaf tan i ni ei golli yn 2014.

Roedd 'na rywbeth yn ein tynnu at ein gilydd o'r cychwyn a thynhawyd y cwlwm hwnnw pan ddysgais fod ganddo gitâr a diddordeb mawr mewn canu gwerin oedd yn boblogaidd iawn yn y cyfnod. Roedd ganddo well gitâr o ryw fymryn na fi ond dyddiau tlawd iawn oedd y rheini ac roedd gitarau drudfawr da ymhell o gyrraedd myfyrwyr prin o bres. Er y byddai'r ddau ohonom yn chwarae ein gitarau yn rheolaidd, dwi ddim yn cofio i ni fynd rhyw lawer i siopau gitarau Caerdydd i weld beth oedd ar gael ac i freuddwydio.

Roedd Stanley Morgan-Jones yn yr un dosbarth â fi yn ysgol Llangefni ac roedden ni'n ffrindiau da cyn dyddiau coleg ac roedd yntau wedi dechrau yng Ngholeg Cyncoed hefyd yr un pryd. Yn wahanol i Sbard a fi roedd gan Stan lais canu da ac mi fyddai'r tri ohonom yn stwna rhyw lawer efo'n gilydd ar y gitarau yn canu pob math o bethau ac felly rhywsut y daeth y Tebot Piws i fodolaeth. Yn fy ystafell i yn hostel y coleg yr ysgrifennwyd *Yr Hogyn Pren* a dyna oedd dechrau pethau go iawn. Does yr un ohonom yn cofio pwy feddyliodd am yr enw Tebot Piws ond yn sicr roedd yn enw gwirion a hynny'n fwriadol fel rhyw fath o godi dau fys i barchusrwydd byd pop Cymru'r 1960au.

Yn yr un hostel â fi yr oedd John Les Thomas o Lanedwen, Llanfairpwll yn aros, ac roedd ganddo fo gar a llawer mwy o drefn ar bethau na Sbard, Stan a fi felly mi gafodd y swydd o fod yn rheolwr cyntaf ar y grŵp.

Penderfynwyd cystadlu mewn rhyw Eisteddfod Bop yn Ninbych. Roeddem yn fuddugol yn fanno ond erbyn hyn dwi'n amau bod gan y ffordd yr oeddem yn edrych gymaint i'w wneud â'n buddugoliaeth â safon y grŵp. Mae'n siŵr ein bod yn sefyll allan yng nghanol grwpiau mewn gwisgoedd unffurf twt yn ein jîns, cotiau lledr, sbectol haul a hetiau. Ta waeth, roeddem yn grŵp oedd wedi ennill arian erbyn hyn, gwobr gyntaf o £6.

Roedd gan John Les beiriant recordio *reel to reel* hefyd, felly pan oedd gennym ryw dair neu bedair cân aethpwyd ati i baratoi tâp. Y cam nesaf oedd ei anfon at y BBC. Wedyn cawsom wahoddiad i fynd draw i swyddfeydd y BBC yn Broadway i gael rhyw fath o glyweliad gan Rhydderch Jones a Ruth Price a chyn i ni droi rownd bron cafwyd gwahoddiad i ganu ar Disg a Dawn. Roedd y rhaglen yn cael ei darlledu'n fyw'r dyddiau hynny ond drwy lwc fe aeth y perfformiad yn iawn, rywsut. Yn syth ar ôl y rhaglen aethom ar ein pennau i'r New Ely i ddathlu. Ac fe gawsom ein hadnabod! Cyn diwedd y noson roeddem wedi cael cynnig ein gig gyntaf pan wahoddwyd ni i chwarae yn yr hyn oedd yn cael ei galw'n 'Ddawns Dadwisgo', a hynny mewn gwesty yn Llundain: protest yn erbyn yr Arwisgo oedd hyn i fod gyda'r awgrym y basa pobl yn dawnsio yn eu tronsiau. Roedd cyfeiriad at hyn yn y *Guardian* hyd yn oed os cofia i'n iawn.

Ond noson erchyll oedd honno o'r hyn dwi'n ei gofio, mewn ystafell fawr yng ngwesty'r Ivanhoe yn Llundain. Mi ganom ni bob cân oedd gennym dan amodau anodd a thrwy system sain dila; doedd 'na neb yn gwrando, wrth gwrs. Un peth dwi'n ei gofio ydy Sbard yn enllibio'r gynulleidfa am fod mor swnllyd ond chwarae teg, mae'n siŵr ein bod ninnau'n sobor o wael hefyd a heb ddigon o ganeuon i lenwi hanner awr, os hynny. Ond roedd yr erthygl papur newydd wedi cael rhyw effaith achos roedd ambell un yn dawnsio efo'i drowsus wrth ei draed (darllenwyr y *Guardian* yn amlwg) ond gig erchyll oedd ein gig gyntaf ac i goroni'r erchylltra cafodd rhywun ei drywanu yn nhŷ bach y gwesty. Cawsom £2 yr un ar y noson ac mi brynodd Sbard a fi werth £2 o boteli cwrw ar unwaith i drio anghofio'r holl brofiad ofnadwy.

Y cam nesaf oedd rhyddhau record EP a recordiwyd dan amodau hynod gyntefig mewn tŷ yn Wallasey – roedd y tri ohonom ni, ein gitarau a'r microffonau yn yr ystafell ffrynt yn ogystal â'r drymiau a'r bas dwbl, tra bod gwifrau yn mynd i fyny i atig y tŷ lle roedd rhyw beiriant recordio o fath. Mae'n anodd credu heddiw ond roedd sefyllfaoedd fel hyn yn arferol yn nyddiau cynnar canu pop a recordiau Cymraeg. Erbyn hynny roedd Dewi Pws wedi dechrau rhoi caneuon i ni ac roedd dwy gân o'i eiddo ar yr EP. Penderfynwyd y basa'n syniad da iawn gofyn iddo ymuno â'r grŵp a dyna sut y dechreuodd pob dim o ran y Tebot Piws.

A dyna oedd leinyp y grŵp am bedair blynedd cyntaf ei fodolaeth. Daethom yn boblogaidd iawn mewn dim amser ac roedd canu pop Cymru yn dechrau mynd yn llai parchus a neis-neis gyda grwpiau fel y Dyniadon Ynfyd Hirfelyn Tesog, Bara Menyn ac ati. Ella ein bod ni'n rhoi llawer o hwyl i gynulleidfaoedd ond roedd ein hagwedd a'n hymarweddiad yn amhroffesiynol a dweud y lleiaf. Mae gen i ofn ein bod wedi peidio â throi i fyny mewn cyngherddau ar ôl derbyn gwahoddiad, a hynny fwy nag unwaith mewn rhai mannau. Mae gen i gof o erthygl hurt yn ymddangos yn y *Daily Post* o bob man gan rywun yn ein galw yn 'Welsh Beatles' (rhywun gwallgo a byddar yn amlwg) ac yn dweud ein bod yn broffesiynol ein hagwedd ond ar yr un gwynt yn deud ei bod yn fraint i drefnwyr cyngherddau os oeddem yn troi i fyny ar ôl derbyn gwahoddiad. Ia, proffesiynol iawn.

Rhaid i mi achub ar y cyfle hwn i gywiro camargraff sydd wedi cael ei ledaenu a'i chwyddo gan ensyniadau Dewi Pws dros y blynyddoedd. Mae o wedi bod yn dweud nad oeddwn i'n troi i fyny i gyngherddau'r Tebot achos bo fi'n ddiog, neu yn ei eiriau o bod 'dillad y gwely'n rhy drwm, neu ddolen y drws yn rhy stiff'. Roedd o dan yr argraff fy mod yn dal yn y coleg yng Nghaerdydd ac wedi cloi fy hun yn fy ystafell. Ond y gwir ydy fy mod wedi symud i Brifysgol Bangor ym mis Medi 1969. Doeddwn i ddim yn cael clywed am gyngherddau'r Tebot a hyd yn oed taswn i, doedd gen i, na neb o fy ffrindiau ym Mangor, gar. Ac mae'n rhaid pwysleisio bod teithio o amgylch Cymru ym 1969 yn llawer mwy anodd nag ydyw'r dyddiau yma hyd yn oed.

Fel y dywedais, roedd gan John Les ein rheolwr gar, Vauxhall Velux enfawr marŵn y cyfeiriwyd ato fel 'y tun samwn coch'. Roedd lle i chwech yn gyfforddus yn y car mawr yma gan nad oedd seddi ar wahân i'r gyrrwr a'r teithiwr yn y blaen, ond yn hytrach un sedd hir lle'r oedd lle i dri, gyda'r gêr yn sownd i'r llyw. Yn y car hwn yr oedd y grŵp yn teithio i nosweithiau llawen ac ati pan oeddwn i yn dal yng Nghaerdydd. Pan ddaeth yn amser i John Les a'i gar mawr adael y coleg daeth Margaret Ceredig yn rheolwraig arnom ond erbyn hynny roedd Dewi wedi prynu car hefyd. Lleucu oedd enw car Dewi ac roedd wedi paentio'r enw ar ochr y car, ond yn fwy na hynny, roedd wedi papuro'r tu mewn. Ond di-gar oeddwn i ym Mangor.

Cafwyd sawl anffawd yn y car mawr coch dros y blynyddoedd. Unwaith pan oedd y grŵp a John Les yn teithio'n ôl o rywle yn hwyr yn y nos, yng nghyffiniau Penygroes ar lôn gul efo waliau cerrig, aeth y pump ohonom i gysgu. Aeth y car ar draws y lôn wysg ei ochr a chrafu'r wal ar ochr y gyrrwr. Deffrodd pawb ar unwaith wrth gwrs efo'r fath glec, ac ni wnaeth yr un ohonom fentro i bendwmpian wedyn tan cyrraedd Sir Fôn, dim ond diolch nad ar ei drwyn yr aeth y car i'r wal.

Ond dyna'n union ddigwyddodd pan ddaeth tranc yr hen dun samwn ac roeddwn i yn y blaen yn dyst i'r cwbl. Nos Galan oedd hi ar ddechrau'r 1970au ac roeddwn i a John Les wedi mynd allan am y noson i Borthaethwy. Ro'n i wedi cael blas ar bort a lemwn y dyddiau hynny a dyna fuodd y ddau ohonom yn ei slochian am y rhan fwyaf o'r noson – llawer gormod ohono. Mae gen i gof i ni fynd i barti i ryw fferm yn y cyffiniau ac yn fanno mi aeth y port yn drech na fi. Gin i ryw frith gof o fod allan ar gowt y ffarm yn trio clirio fy mhen a chael awyr iach a gweld dau neu dri arall yn gwneud yr un fath. Pan ddaeth yn amser mynd adre aethom ar hyd y lonydd cefn cul sy'n frith ar draws Sir Fôn er mwyn osgoi unrhyw geir arall, ac i osgoi plismyn mae'n siŵr. Roeddwn i yn y sedd flaen, y ffenestr ar agor a fy mhen yn gorffwys ar ei ffrâm. Aeth y car oddi ar y lôn ar y ffordd am adre a dwi'n cofio'n iawn meddwl i mi fy hun pam fod John Les wedi penderfynu gadael lôn Penmynydd a dreifio i mewn i wal ond fedrwn i wneud dim i atal fy mhen rhag taro ffrâm y ffenestr a hollti.

Wrth lwc roedd rhywun yn ein dilyn ac mi gawsom lifft i dŷ John Les. Mae'n amlwg nad oedd neb wedi dychryn rhyw lawer achos y cyfan wnaeth John oedd cymryd benthyg fan ei dad er mwyn mynd â fi adre. Roedd y gnoc ar fy mhen wedi fy sobri'n weddol erbyn i mi fynd i ystafell wely Mam i ddweud fy mod i adre'n saff ac i ddymuno Blwyddyn Newydd Dda iddi. Roedd Mam yn un i boeni am bethau bach ond chwarae teg iddi, wnaeth hi ddim cynhyrfu o weld ei mab penfelyn yn sefyll o'i blaen a'i ben yn waed.

Wnes i erioed adael y Tebot Piws er mai aelod achlysurol iawn oeddwn i. Er nad oeddwn i'n troi i fyny'n aml iawn pan fyddai nosweithiau yn y de mi fyddwn yn ymuno â'r hogia pan fyddai noson yn y gogledd. Fel y dywedais, roeddem yn eithriadol o amhroffesiynol ac un o'r nosweithiau salaf a gynhaliwyd gennym erioed oedd un mewn rhyw glwb yn y Rhyl. Roeddwn i wedi cyrraedd yno efo John Bŵts a George Lewis Jones, neu Charlie, dau ffrind o goleg Bangor, ac wedi galw mewn tafarn am beint a chael y peint Guinness salaf a gafodd neb erioed – dim ond y lliw oedd yn iawn, ond doedd dim pen ar y peint ac roedd yn arogli ac yn blasu o seidr. Afiach.

Cyn perfformio roedd y pedwar aelod o'r Tebot wedi gorwneud pethau ym mar y clwb a'r cof sydd gen i ydy ein bod wedi canu o flaen y llwyfan yn hytrach nag arno. Mewn rhifyn o *Y Cymro* ychydig wedyn roedd llythyr yn cwyno am ein perfformiad a pha mor amhroffesiynol oeddem ac roedd yn amhosib anghytuno â barn y llythyrwr.

Dwi'n cofio nad oedd Pws wedi tynnu ei gôt law i ganu hyd yn oed. Mae gan Leonard Cohen gân wych o'r enw *Famous Blue Raincoat* ond roedd y gôt law a wisgai Pws y noson honno yn eithaf enwog ym Mangor hefyd. Alun Ffred oedd perchennog cyntaf y gôt law wen ond yn ystod ei hoes mi gafodd ei gwisgo gan Pws, John Bŵts a finnau, felly roedd yn amlwg wedi ei gwneud o ddefnydd da ond hefyd yn addas i bobl o daldra amrywiol iawn.

Rhoddodd y Tebot y gorau i ganu ar ôl Steddfod Hwlffordd 1972 ac er i ni ddod yn ôl at ein gilydd ar gyfer un cyngerdd yn Steddfod Dyffryn Lliw fu dim sôn am ailffurfio tan i ni gael gwahoddiad i ganu yng Ngŵyl y Faenol yn 2008. Dyna pryd y gwnaeth Stan ein hatgoffa bod deugain mlynedd wedi gwibio heibio ers i ni ffurfio'r tro cyntaf ac y basa'n syniad ella i ryddhau EP i ddathlu hynny. Ond erbyn dechrau hel caneuon at ei gilydd gwelwyd bod gennym ddigon ar gyfer LP ac yn 2012 rhyddhawyd *Twll Du Ifan Saer*, LP gyntaf, olaf ac unig LP y Tebot. Mae'r dywediad 'twll din Ifan Saer' yn un cyfarwydd yn y gogledd fel ateb i gwestiwn os bydd rhywun yn busnesu gormod.

Buom yn chwarae sawl gig rhwng 2008 a 2011 ac yn ymddwyn rhywfaint yn fwy proffesiynol na'r tro cynta. Os oeddem ni'n cael gwahoddiad i ganu yna roeddem yn troi i fyny ac fe gafwyd sawl gig cofiadwy (i ni os nad i'r gynulleidfa) yn y Cann Office, Nant Gwrtheyrn a'r Felinheli ymhlith mannau eraill. Yn ein cyfnod cyntaf roedd yn weddol arferol i ni fynd i nosweithiau llawen heb unrhyw gitâr rhyngom a dibynnu ar gael benthyg rhywbeth. Fel arfer yn yr hen ddyddiau mi fyddai rhestr hir o bobl yn cymryd rhan a neb yn canu mwy na phedair cân felly byddai siawns eithaf da o gael benthyg gitâr gan rywun.

Ond erbyn i ni ailffurfio roedd gitâr gan bawb oedd angen un, a rheini'n rhai da a drud iawn; yn wir, mi fyddai gan Sbard ryw ddwy neu dair gitâr rownd ei draed ar lwyfan yn ystod ail gyfnod y Tebot. Erbyn hynny hefyd roedd Tudur fy mrawd a John Griffiths (gitarydd bas Edward H Dafis) wedi ymuno â ni ac ychwanegu banjo, mandolin, pib, gitâr fas a llais at ein sŵn. Dyma pryd y des i adnabod John yn iawn a gan fy mod i'n sefyll wrth ei ymyl yn ystod ein cyngherddau ac ar ôl deall ei fod yntau yn cefnogi Manchester United fe ddes i'n ffrindiau mawr ag o, cyfeillgarwch a barhaodd tan ei farwolaeth drist a brawychus o sydyn yn 2018. Roedd gen i feddwl y byd o John, un o'r dynion mwyaf caredig a chymwynasgar y cwrddais â nhw erioed.

Rhoddodd y Tebot Piws y gitarau yn y to am y tro olaf mewn dwy noson ffarwel yn Neuadd Goffa Penrhyndeudraeth, rhywle oedd yn agos iawn at galon Sbard a rhywle yr oedd wedi dyheu am gael canu ynddo cyn i ni roi'r gorau iddi. Canodd rhyw fersiwn o'r Tebot a alwyd gennym y Tebot Bach, gyda Geraint Davies yn cymryd lle Sbard, yn y Neuadd Goffa mewn noson deyrnged i Sbard ond erbyn hyn, a Sbard a John wedi'n gadael, go brin y bydd yna unrhyw fersiwn o'r Tebot yn canu yn unman byth eto.

# Pendyffryn

Rhwng mynyddoedd yn y bore
mae'r ffordd yn hir ac rwy'n gwneud fy ngore
i gyrraedd adre cyn i'r lleuad godi
mae'r gwynt yn fain ac mae'r dŵr yn rhewi
mae'n fore oer ac rwy'n hanner cysgu
o dan y llyn mae pentre wedi boddi

Rownd y llyn rhaid i mi gerdded
dacw ddyn o'i go' yn gwylio'i ddefaid
yng nghanol cae sy'n wyn ac oer gan farrug
croesi'r bont lle mae'r gwynt yn chwipio
mae'r afon fechan bron â stopio
gan fod rhew yn cau yn dynn o gylch y cerrig

roedd y bore yn hir
ro'n i'n marw a dweud y gwir
ond yna ym Mhendyffryn daeth yr haul drwy'r cwmwl du

Gwelais ferch mewn trowsus melyn
yng nghanol cae yn canu telyn
ac ar ei gwallt hir du roedd cap yn eistedd
es yn fy mlaen heb oedi mymryn
rhaid oedd gadael merch Pendyffryn
i gyrraedd Penrhyn i gael gwely clyd i orwedd

roedd y bore yn hir...

*Sbard a fi yn San Francisco (nid bodio yno wnaethom ni)*

Cân am fodio ydy hon yn y bôn, rhywbeth oedd yn digwydd yn gyffredin ac yn aml yn ôl yn y 1960au a'r 1970au. Mae'r gân yn sôn yn benodol am un bore ym mis Rhagfyr 1968, mis Rhagfyr oer iawn a'r Nadolig ar y gorwel. Ers mis Medi'r flwyddyn honno roeddwn wedi bod yn fyfyriwr yng ngholeg Cyncoed gan feddwl mynd yn athro, fel o'n i wiriona.

Cafodd y rhai ohonom oedd yn astudio Cymraeg yn y coleg ein hanfon i wneud ein hymarfer dysgu cyntaf i'r Bala a Chorwen. Roedd yn rhywbeth eithaf anarferol i fynd mor bell ond braf iawn serch hynny, achos mi wyddem yn iawn mai ar ddiwedd wythnos y basa'r tiwtor yn galw o Gaerdydd felly doedd dim perygl o gael ymweliad dirybudd. Dwi'n cofio ei fod yn aeaf oer iawn ac roedd yn braf iawn cael mynd am beint efo Sbard ac eraill yng Nghorwen gyda'r nos a swatio o flaen tân. Unwaith yr wythnos mi fyddai criw Corwen yn mynd draw i'r Bala i gwrdd â'r criw yno i gymdeithasu. Ar ddiwedd ein cyfnod ymarfer dysgu yno roedd yn wyliau Nadolig. Roedd Sbardun a'r rhan fwyaf o'r gweddill wedi gadael o fy mlaen i ond roedd gen i ddiddordeb mawr mewn rhyw ferch arbennig ac mi arhosais ar ôl er mwyn cael ei chwmni am un noson arall.

O ganlyniad, roedd yn rhaid i mi fodio o Gorwen i Benrhyndeudraeth, a chartref Sbard, y diwrnod wedyn. Roedd yn fore ofnadwy o oer a rhyw hen niwl rhewllyd hyd wyneb Llyn Celyn ac roeddwn i'n teimlo'n reit unig a deud y gwir wrth gerdded heibio'r llyn hwnnw a'i hanes trist a finnau ar ben fy hun bach yng nghanol y mynyddoedd yn y niwl. Mi gefais fraw hefyd pan ddaeth 'na ffarmwr gwyllt yr olwg allan o'r niwl. Roedd popeth yn teimlo'n arallfydol rhywsut, fel rhywbeth allan o ffilm Tim Burton, yn enwedig pan welais ddraenog moel ar ochr y lôn; roedd yn amlwg fod car wedi ei daro a chnocio côt yr hen greadur bach oddi amdano ond heb ei fflatio. Edrychai fel hagis yn fanno ar ochr y lôn ac fel yr oeddwn i'n edrych yn agosach arno daeth car heibio ar wib gan achosi i mi neidio'n sydyn o'r neilltu; fasa cael fy sbrencio â pherfedd draenog ddim wedi gwneud dim i godi fy ysbryd.

Ymhen amser mi gefais lifft mewn lori i rywle. Cerddais ymlaen am ychydig a dod i bentref o fath neu ryw glwstwr o dai beth bynnag, a dyna pryd y penderfynodd yr haul wenu arna i drwy'r cymylau duon. Sgin i ddim syniad beth oedd enw'r lle, fedra i ei weld yn fy meddwl o hyd ond er i mi deithio ar hyd y lôn yna droeon wedyn fedra i ddim deud fy mod i wedi adnabod y pentre chwaith. Ella mai breuddwyd oedd o. Dwi jest yn cofio'r haul yn ymddangos yn ddirybudd bron drwy'r niwl – teimlad arallfydol arall. Ar ôl hynny roedd yn siwrnai ddigon di-lol i gyrraedd Penrhyndeudraeth.

Mi fues i'n bodio cryn dipyn ers talwm efo graddau amrywiol o lwc. Un tro mi gefais reid o Ferthyr Tudful at ddrws y tŷ yn Llangefni ond eithriad oedd hynny, a lwc mul mai hogia o Langefni oedd yn y car. Y gyfrinach efo bodio oedd cychwyn yn ddigon cynnar – roedd gobaith rhywun o gael pàs yn dirywio hwyra'n byd yr oedd rhywun yn cychwyn. Ac mi gefais brofiad diflas a phersonol o hynny un dydd Sul ar ôl i'r Tebot Piws fod yn canu yn rhywle. Roedd y Tebot wedi dod yn gyfeillgar â dyn o'r enw Les Powell a'i deulu, cenedlaetholwyr tanbaid iawn, o Abercraf, ac wedi aros efo nhw ryw nos Sadwrn pan oeddem ni'n canu yn y cyffiniau. Wrth gwrs doedden ni ddim am gael gadael heb ginio Sul. Roedd eisoes yn rhy hwyr i ddechrau bodio ac erbyn hynny roeddwn i wedi symud o goleg Caerdydd i Fangor ac yn wynebu siwrnai hir a diflas i'r gogledd. Mi fasa'n siwrnai hir a diflas mewn car heb sôn am wrth fodio. Mi gefais bàs gan yr hogia ar ôl cinio cyn belled ag Aberhonddu ond wedyn roedd yn rhaid bodio gan obeithio cyrraedd adre cyn iddi dywyllu.

Roedd yn anobeithiol o'r dechrau. Roedd y rhan fwyaf o geir oedd yn pasio yn llawn ac yn amlwg yn bobl leol oedd yn mynd i unman penodol yn ara deg a dibwrpas, ac ambell bregethwr llawn o ginio ond dim o ewyllys da yn mynd hyd yn oed yn fwy ara deg. Mi fyddai teithio dibwrpas a jest dilyn trwyn y car yn rhywbeth eitha poblogaidd ers talwm ar bnawn Sul, cyn bod sôn am Sky Sports a rhyw hen betha felly. Daeth yn reit amlwg yn weddol fuan nad oeddwn i am gyrraedd Llangefni'r noson honno. Roedd cludiant cyhoeddus wrth gwrs yn anobeithiol ar ddydd Sul, yn waeth bryd hynny nag ydy o heddiw os yw hynny'n bosib. Myfyriwr tlawd oeddwn i beth bynnag oedd yn gwario ei bres prin i gyd bron ar gwrw a ffags, a doedd cardiau banc heb ddod yn bethau cyffredin chwaith felly mi fasa cael lle gwely a brecwast allan ohoni; doedd gen i ddim mwy na rhyw bunt neu ddwy yn fy mhoced.

Mi lwyddais i rywsut i gyrraedd Llanidloes ond erbyn hynny roedd yn ddiwedd pnawn ac ofer fasa mentro ymhellach y diwrnod hwnnw. Ro'n i'n cofio Sbard yn deud wrtha i am un o'i helyntion bodio o pan oedd wedi cyrraedd Llanfair ym Muallt a hithau'n dechrau tywyllu a dim gobaith mynd ymhellach. Roedd yntau hefyd yn fyfyriwr tlawd iawn ac yn gwario ei arian prin fel yr oeddwn i ar gwrw a sigaréts. Yr hyn a wnaeth Sbard oedd mynd i swyddfa'r heddlu ac esbonio ei sefyllfa ac aeth un o blismyn caredig y dref ag o i dafarn leol a siarad â'r tafarnwr. Y canlyniad oedd bod Sbard wedi cael aros yn y dafarn am ddim – ond ar ben hynny mi gafodd blatiad o fwyd y noson honno, stecan a sglodion, a sawl peint o gwrw ac yna frecwast llawn y bore trannoeth cyn iddo gychwyn eto ar ei daith.

Felly, mi es innau i chwilio am blismon i esbonio fy sefyllfa iddo. Roedd sarjant Llanidloes yn ŵr hynaws a chlên, ac yn Gymro Cymraeg. Dwedodd wrtha i am ffonio adre i esbonio lle'r oeddwn i ac yna i fynd am beint i dafarn gyfagos ac y basa fo'n dod i fy nôl pan fyddai wedi meddwl beth i'w wneud â fi.

Er fy mod i'n sdyc yng nghanolbarth Cymru ymhell iawn o Langefni roedd yn reit braf cael peint bach ar y Sul gan fod hyn yn yr hen ddyddiau pan oedd ardaloedd sych a gwlyb yn dal i fodoli yng Nghymru, ac roedd Llanidloes yn wlyb, diolch byth. Ro'n i'n mwynhau peint yn braf yn y dafarn pan ddaeth y sarjant i mewn a deud wrtha i am ei ddilyn. Ar ôl i mi ffonio adre ac esbonio fy mhicil wrth Mam roedd Yncl John, brawd mam oedd yn digwydd bod yn y tŷ efo hi, wedi cofio ei fod yn nabod prifathro ysgol gynradd Llangurig ac wedi ei ffonio i ofyn a fasa fo'n gallu helpu. Canlyniad hyn i gyd oedd fy mod wedi cael swper, gwely a brecwast yn Llangurig a lifft yn y bore rai milltiroedd i'r gogledd o Lanidloes i fy helpu ar fy siwrnai. Dim stecan a sglodion a pheint neu ddau ella, ond gwely glân a chroeso serch hynny.

Rai wythnosau ar ôl hyn roeddwn i a Sbard wedi penderfynu treulio rhyw wythnos o wyliau'r haf yn ymweld â Sir Benfro, rhywle nad oedd yr un o'r ddau ohonom wedi bod ynddo o'r blaen. Aethpwyd yn ddigon didrafferth i lawr at Landudoch a threulio'r noson gyntaf yn fanno ar ôl codi'r babell yng ngardd rhywun yr oeddem yn ei adnabod o'r New Ely yng Nghaerdydd. Noson yn y dafarn a gafwyd wrth gwrs, beth arall wnâi rhywun ar noson o haf yn Llandudoch? Y bore wedyn aethom i lawr i Solfach a holi ble'r oedd Meic Stevens yn byw. Cawsom afael ar y tŷ yn reit ddiffwdan a chael croeso gan Meic. Codwyd y babell unwaith yn rhagor yn yr ardd gefn cyn i ni ymlwybro draw i'r dafarn efo Meic a chael noson hwyliog arall.

Wrth gwrs, erbyn hyn roeddem yn dechrau mynd yn brin o bres ac felly penderfynwyd mai anelu'n ôl am y gogledd fasa galla. Ffwrdd â ni felly ond heb fawr o lwc. Roedden ni'n cael ambell lifft ond ddim yn symud yn bell iawn. Roedd ein lwc ni'n waeth pan mai fi oedd 'bodiwr rhif 1', hynny yw, y bodiwr yr oedd y ceir yn ei weld gyntaf. Roedd gyrwyr a theithwyr sawl car yn edrych arnom yn syn ac yn amheus ac ambell un yn chwerthin. Ro'n i'n dechrau meddwl ella nad oedd pobl y de yn lecio fy ngolwg pan edrychais rownd ar Sbard – fo oedd yn achosi'r difyrrwch wrth gwrs. Roedd o un ai yn bodio yn gorwedd ar ei ochr ac yn gorffwys ei ben ar ei benelin, neu yn bodio ag un bys reit i fyny'i drwyn. Pa ryfedd nad oedd neb yn stopio a'u bod nhw'n edrych mewn rhyfeddod. Ta waeth, roedd yn ddiwrnod braf a dim brys ar yr un o'r ddau ohonom – roedd y babell gennym ni beth bynnag tasa raid cysgu yng nghornel cae yn rhywle.

Dydd Sadwrn oedd hi, dwi'n cofio, ac mi lwyddwyd i gyrraedd Llanidloes erbyn diwedd y prynhawn. Cafwyd lle i godi'r babell ar gyrion y dre, ond erbyn hynny roedd wedi dechrau bwrw'n drwm a doedd treulio noson mewn pabell ddim yn apelio. Yr unig beth amdani felly oedd mynd rownd tafarndai'r dref a dyna wnaethom ni – rhoi ein pres at ei gilydd a'i wario i gyd ar sigaréts a chwrw. Braf iawn oedd hynny wrth gwrs, lot o hwyl, ond ar ôl i'r tafarndai gau doedd dim amdani ond mynd yn ôl am y babell yn y glaw. Ond roedd y syniad hwnnw'n wrthun hyd yn oed i ddau lanc ifanc llawn cwrw pan welsom y babell yn hongian fel hen gadach gwlyb, llipa, digroeso. Aethom yn ôl am y dre ac yna gwelais yr hen sarjant clên ar y stryd a chael syniad i ofyn iddo unwaith yn rhagor am ei help. Roedd o'n fy nghofio'n iawn wrth gwrs.

'Chdi eto!' oedd ei gyfarchiad. 'Wyddost ti be, faswn i ddim yn bodio eto taswn i'n chdi, ti ddim yn un da iawn am wneud mae'n amlwg.'

Beth bynnag, fe ddaeth yr hen sarjant i'r adwy unwaith yn rhagor a dweud wrthym fynd i'r maes parcio.

'Mi welwch chi fws glas wedi ei barcio yno, bws gwaith. Dydy'r bws byth ar glo felly cysgwch yn hwnnw... ond os ydych chi'n cael eich dal dim y fi ddwedodd wrthych chi!'

Chwarae teg i'r hen sarjant – mi gawson ni noson dda o gwsg yn y bws glas. Roedd wedi stopio bwrw erbyn y bore Sul wrth lwc, ac mi aethom yn ein blaenau yn weddol ddiffwdan. Roeddem wedi gwario ein pres bob dimai ar y nos Sadwrn yn Llanidloes ac roedd y ddau ohonom bron iawn â llwgu pan gyrhaeddwyd Penrhyndeudraeth ganol y prynhawn heb gael dim mwy nag ychydig o fwyar duon ac ambell gneuen ar y ffordd, ond roedd croeso mawr a chlamp o ginio Sul yn aros amdanom.

Un o'r peryglon o fodio efo Sbard oedd ei fod yn mynnu tynnu sgwrs efo'r gyrwyr fyddai wedi ein codi ond yn mynnu deud celwydd wrthyn nhw hefyd. Trio gwneud i mi chwerthin oedd y nod, a gorau oll os mai fi oedd yn eistedd yn y sedd ffrynt. Mi fyddai'n casglu ffeithiau yma ac acw ac yn eu hailadrodd wrth yrwyr ceir heb boeni rhyw lawer os oedd y ffeithiau'n gywir ai peidio. Mi gafodd un ffaith ddefnyddiol gan berchnogion y cae lle y codwyd y dent yn Llanidloes – teulu o'r enw Evans oedd yn perthyn i deulu o'r un cyfenw ar gyrion Llangefni, teulu sipsi dwi'n meddwl. Y ffaith a ryfeddodd Sbard oedd mai nhw oedd yr unig rai i fagu mulod efo smotiau arnyn nhw yng ngwledydd Prydain. Faint o wirionedd oedd yn hynny dyn a ŵyr, ond mi gafodd Sbard fodd i fyw wrth ailadrodd hynny ar ein teithiau.

Un tro arall pan oeddwn i'n aros efo Sbard yn Penrhyn benderfynon ni fynd i Sarn Mellteyrn i ddawns werin, dim i ddawnsio, wrth reswm pawb, ond i gael peint a hwyl. Ac mi gafwyd sawl peint a lot o hwyl, ond wrth gwrs roedd yn rhaid mynd yn ôl i Benrhyn y noson honno ac nid oedd hynny wedi croesi meddwl yr un ohonom. Mi gawsom bàs gan rywun at wersyll Butlins ond erbyn hynny roedd yn tynnu am hanner nos, roedd yn dywyll, a phrin iawn oedd y ceir oedd yn dal ar y lôn. Prinnach oedd y ceir oedd yn fodlon stopio – wel, doedd neb yn fodlon. Mae sawl darn o 'lôn goed' ar y ffordd honno ac roedd yn mynd yn dywyllach o lawer wedyn. Doedd Sbard na fi ddim y ddau fwyaf dewr yn nhywyllwch dudew'r nos ac roedd clywed sgrech tylluanod yn ychwanegu at ein teimlad o ofn – bob tro pan fyddem yn cerdded ar hyd darn coediog o'r lôn mi fyddai'n rhaid addo peidio â rhedeg o flaen y llall ond mi fyddai un yn siŵr o ddechrau rhedeg gan adael y llall yn sgrechian ac yn rhegi tu ôl iddo.

Roedd wedi goleuo erbyn i ni gyrraedd Penrhyn a phrin yr oeddem yn gallu rhoi un droed o flaen y llall gan flinder ar ôl gorfod cerdded yr holl ffordd. Ac i goroni'r noson ofnadwy mi sathrodd Sbard yng nghanol perfedd draenog fel yr oeddem yn cyrraedd Penrhyn. Ond, wedi rhai oriau o gwsg braf cafwyd gwledd arall o ginio Sul gan fam Sbard.

Straeon bodio, dau ddraenog, sawl anffawd ond lot fawr iawn o hwyl.

# Stori Wir

Roedd Twm a fi am sgwennu stori
a honno'n stori wir
ond ar y pryd doedd yr un ohonom
â meddwl digon clir
ac roeddwn i wedi colli beiro
felly rhaid oedd gohirio'r
stori wir

Roedd y stori'n dechrau yn y dechrau
efo'r olwyn sgwâr
yn nyddiau Llywarch Hen a'i feibion
a chyn bod sôn am gar
ond roedd Twm yn rhy hoff o gysgu
ar ôl cael llond bol o wisgi
dyna'r gwir

Roedd gwreiddiau'r stori'n ddwfn yn yr Hen Ogledd pell
yn dyst i grefft a graen yr hen Gymry gynt
ond nid oes llyfr o unrhyw liw'n ei hadrodd nawr
fe aeth ar goll yn llwyr i'r pedwar gwynt

Roedd y stori'n olrhain twf yr olwyn
a'r sôn am hynny yn ein llên
annoeth byd oedd beic i Arthur
ond nid i Gwên fab Llywarch Hen
ond nid oedd modd cael Twm i godi
i fy helpu i gofnodi'r
stori wir
dyna'r gwir
How very sad

*Mair Owen, fi, Helen Bennet, Pws ar y stryd yn Nulyn*
*yn hwyr un gyda'r nos. Fi yn y gôt law enwog.*

Yn ystod fy mlwyddyn gyntaf (a'r olaf) yng Ngholeg Cyncoed daeth yn weddol amlwg i mi nad o'n i'n arbennig o gyfforddus yn siarad Saesneg, a dyna lle'r oeddwn i yn meddwl mynd yn athro Saesneg. Mi oeddwn i wedi dewis mynd i Goleg Cyncoed am fy mod i'n ffansïo mynd i lawr i Gaerdydd yn fwy na dim byd arall; gadael tref wledig yn Sir Fôn am y brifddinas. Roedd Gwenda fy chwaer yn briod efo'i gŵr cyntaf ac yn byw yno erbyn hynny ac roedd hynny yn cynyddu apêl y ddinas. Oherwydd Dan Jones roedd gen i ddiddordeb mawr mewn llenyddiaeth Saesneg ac awydd i astudio mwy arni. Roedd o'n athro ardderchog yn wir ac yn gwneud llenyddiaeth Saesneg, barddoniaeth Wordsworth yn arbennig, yn fyw ac yn ddiddorol i ni ac roedd yn un o'r athrawon prin hynny yr oedd yn bleser cael mynd i'w wersi.

Ro'n i'n arfer danfon bara o siop Nain o gwmpas Llangefni ar foreau Sadwrn pan o'n i'n hogyn ac mi fyddwn yn cael pisyn tair neu bisyn chwech yn gil-dwrn gan rai cwsmeriaid, gan gynnwys Dan Jones a Megan ei wraig hyfryd oedd yn athrawes Gymraeg yn ysgol Llangefni. Roedd cario bageidiau o fara ffres ar fore Sadwrn yn artaith i hogyn ifanc llwglyd ar ei brifiant ac mae'n rhaid i mi gyfaddef fy mod yn torri 'chydig ar grystiau ambell dorth a'u bwyta. Ro'n i'n trio peidio ag ymosod ar un dorth yn unig ac yn cymryd tamaid o sawl un er mwyn cyfyngu ar y difrod. Wrth feddwl yn ôl mae'n siŵr bod 'na ddiawl o olwg ar fara ambell un, Dan Jones druan yn eu mysg, ond wnaeth 'na neb gwyno hyd y gwn i.

Ro'n i'n mynd yn fwy a mwy anniddig yng Ngholeg Cyncoed ac yn enwedig efo'r cwrs Saesneg. Ro'n i reit genfigennus o'r rhai oedd wedi dewis Cymraeg fel prif gwrs er mai digon arwynebol a chyffredinol oedd y cwrs hwnnw hefyd mae'n siŵr, fel y cwrs Saesneg. Soniais wrth fy nhiwtor personol y baswn yn lecio symud a mynd i brifysgol ond chefais i fawr o anogaeth gan hwnnw. Ond doeddwn i ddim am roi'r gorau i'r freuddwyd ac ar ôl gwneud cais i symud i Brifysgol Bangor mi gefais fy nerbyn a symud i fyny erbyn mis Medi 1969.

Ar y dechrau roeddwn yn byw gartre yn Llangefni ac yn teithio yn ôl a blaen ar y bws. Weithiau byddwn yn cael reid adre gan gyn-brifathro ysgol Llangefni, Mr E D Davies neu 'Boss', oedd yn darlithio yn Adran Efrydiau Allanol Bangor. Roedd yn beth rhyfedd ar y naw i mi ar y dechrau gan ei fod nid yn unig yn siarad Cymraeg â fi ond yn hynod o glên, dyn a fu'n frwnt iawn ar adegau efo fi a fy ffrindiau ac a'n waldiodd fwy nag unwaith efo'i gansen gïaidd gan weiddi arnom yn Saesneg.

Un o anfanteision byw gartre oedd fy mod i'n colli

llawer ar fywyd cymdeithasol y coleg gyda'r nos felly pan gefais i hanes fflat ar rent symudais o Langefni i Fangor. Erbyn yr ail flwyddyn roedd Twm Elias, y diweddar John Henry Rowlands neu Panda annwyl a fi wedi cael gafael ar dŷ i'w rentio ar allt Glanrafon. Mae'n anodd credu heddiw bod gan neb yr hyfdra i osod tŷ o'r fath ar rent achos doedd o ddim ffit i neb fyw ynddo ac mi fasa sgwatwyr wedi meddwl ddwywaith cyn ei feddiannu. Mi fasa wedi bod yn addas i golomennod ella ond nid i fyfyrwyr ifanc. Roedd yno dair ystafell wely ac atig weddol fawr yn llawn matresi. Doedd 'na ddim ystafell ymolchi a dim tŷ bach yn y tŷ o gwbl – roedd tŷ bach o fath yn yr ardd ond roedd yn llawn drain a mieri a bron yn amhosib mynd i mewn iddo – ond roedd tŷ bach cyhoeddus ychydig i fyny'r lôn, ac roedd y gwydr ar goll yn un o ffenestri ystafell wely Panda oedd ar uchder delfrydol tasa angen gollwng diferyn allan i'r ardd yn y nos. Dim ond un tap oedd yn y tŷ, ac un dŵr oer yn y gegin oedd hwnnw.

Penderfynwyd galw'r lle Y Rafinfa gan fod rafins Bethesda a Sir Fôn a mannau eraill yn gwneud defnydd helaeth o'r tŷ, y matresi yn yr atig neu unrhyw wely gwag ar benwythnosau. Ystafell Panda druan gafodd ei chamddefnyddio fwyaf gan ei fod ef i ffwrdd ar ymarfer dysgu am yr ail dymor bron i gyd. Y tu allan i'w ystafell roedd coeden, a hawdd y gallai rhywun gredu mai coeden gondoms oedd hi gan fod cymaint o'r rheini yn hongian ar y brigau.

Hen le digysur iawn oedd yr ystafell fyw yn y cefn hefyd, ac oherwydd lleoliad y tŷ nid oedd y cefn yn derbyn unrhyw haul ar unrhyw adeg felly roedd yn dywyll ac yn oer. Un nos Sul roedd Twm a fi yn darllen yn dawel (doedd dim teledu wrth gwrs) pan glywsom sŵn yn y twll dan grisiau. Edrychodd Twm arnaf a dweud 'Ll'godan'.

Aethpwyd ati i gau unrhyw fylchau dan y drysau cyn i Twm afael mewn brwsh llawr ac agor drws y twll dan grisiau. Does gen i ddim cywilydd o gwbl dweud mai sefyll ar ben cadair yr oeddwn i tra bod hyn yn digwydd. Roedd y twll dan grisiau wrth gwrs yn llawn sothach a phapurau ond wrth i Twm bwnio efo'r brwsh dyma anferth o lygoden fawr yn neidio allan ac er gwaetha'n hymdrechion i gau'r bylchau dihangodd dan y drws i'r gegin ac allan â hi. Yn y gegin ei hun roedd hen Aga wedi bod yno ar un adeg ond roedd wedi ei thynnu gan adael twll mawr yn y wal oedd yn handi iawn i'r llygod ddod i mewn ac allan.

Symudodd Twm a fi allan ar ddiwedd yr ail flwyddyn a chael tŷ llawer brafiach yn Cae Llepa ar gyfer y flwyddyn wedyn. Dim ond llygod bach oedd yn fanno. Dwi ddim yn meddwl bod goriad i'r drws ffrynt gan Twm na fi a'r arferiad oedd mynd i mewn drwy ffenest felly doedd dim problem. Roedd Meic Povey, Dafydd Hywel a Mici Plwm ac eraill wedi byw yn y tŷ hwn o'n blaenau a chawson nhw erioed fil nwy yr holl amser yr oeddent yno a chafodd Twm na fi ddim un chwaith, felly roedd yn dŷ bach cynnes iawn. Os bydd rhywun o Nwy Cymru yn darllen hwn dwi am wadu pob dim.

Ond Twm arall yw'r un a enwir yn y gân hon, sef Dewi Thomas Davies, neu Twm Fawr o Gwmtirmynach. Doedd o ddim yn arferiad gan yr un o fy ffrindiau coleg i drafod cynnwys darlithoedd nac i siarad rhyw lawer am waith coleg ond roedd rhywbeth wedi goglais y ddau ohonom ynghylch rhywbeth y daethom ar ei draws yn ystod un ddarlith arbennig, sef bod 'olwyn' yn gallu golygu march a bod rhyw gyfeiriad yn rhywle at 'farch olwyn du penuchel'. Daeth yn amlwg i Twm a fi mai am feic yr oedd yr hen feirdd yn sôn. Be arall ydy 'march olwyn'? Beic wrth gwrs, ac enw gwell o lawer na 'deurodur'.

Daethom i'r casgliad felly mai'r hen Gymry ddyfeisiodd yr olwyn. Yn yr Hengerdd hefyd ceir llawer iawn o'r hyn a elwir yn 'englynion beddau' ond damcaniaeth y ddau ysgolhaig gwamal oedd bod camgymeriad wedi'i wneud wrth gopïo'r hen lawysgrifau ac mai englynion beic oedd y rhain i fod ac ystyr 'anoeth byd beic i Arthur' oedd nad oedd gan Arthur feic. Syml.

Roedd y ddau ohonom yn bwriadu sgwennu traethawd ysgolheigaidd *spoof* ar y pwnc ond fel mae'r gân yn nodi, roedd rhyw esgus neu'i gilydd dros beidio â gwneud y gwaith. Mi oedd Twm yn hoff o gysgu, oedd – mi gododd yn rhy hwyr i ddarlith 2.00 unwaith. Ond rhaid i minnau gyfaddef fy niogi fy hun hefyd. Dim ond y pennill cyntaf oedd wedi ei sgwennu erbyn rhyddhau record gyntaf Mynediad am Ddim. Erbyn gwneud yr ail record roedd yr ail bennill yn barod ac aeth sawl blwyddyn heibio cyn gorffen y gân.

Lle braf iawn oedd Bangor i fod yno fel myfyriwr ar ddechrau'r 1970au, yn enwedig Bangor Uchaf, oedd fel rhyw bentref bach ar wahân rywsut. Ym Mangor Uchaf roedd tair tafarn, dau neu dri chaffi, siop jips, bwyty Tsieineaidd, ac roedd dau fanc yno hefyd a'r ddau yr un mor gyndyn â'i gilydd i roi arian i fyfyrwyr tlawd. Roedd siop lyfrau dda yno hefyd ond tueddu i osgoi gwaith oeddwn i a fy nghyfeillion tan y byddai'n amser trio stwffio rhywfaint o wybodaeth i'n pennau cyn arholiadau.

Un o fanteision ac anfanteision Bangor oedd ei fod yn agos iawn at Ddulyn ac roedd yn rhy hawdd penderfynu ar amser cau nos Wener yn y Glôb y basa'n syniad da i fynd am Iwerddon. Doedd hi ddim yn anodd perswadio rhywun i'n gyrru i Gaergybi ac erbyn cyrraedd Dulyn tua 6.00 o'r gloch y bore mi fyddai rhai tafarndai ar lan y Liffey ar agor ar gyfer gweithwyr dociau'r ddinas. Roedd Dulyn bryd hynny yn rhesymol iawn, rhatach os rhywbeth na Bangor. Go brin bod myfyrwyr Bangor heddiw yn gallu deud yr un fath.

Un tro aeth criw bach o fyfyrwyr Aber a Bangor i Ddulyn i fwrw'r Sul efo'i gilydd. Roedd yn beth reit gyffredin bryd hynny i weld dynion efo camerâu Polaroid ar strydoedd Dulyn yn trio hwrjio rhywun i gael tynnu eu llun am ryw swm bach. Roedd Mair Owen, Helen Bennet, Pws a fi ar ein ffordd yn ôl i'r gwesty yn hwyr iawn un noson pan dynnwyd llun ohonom gan un o'r dynion yma ac erbyn hynny roedd y Gôt Law Wen Enwog wedi cael ei phasio ymlaen i mi.

Rhyw dair wythnos cyn fy arholiadau gradd ym 1972 penderfynais fy mod wedi stwffio digon o wybodaeth i fy mhen am y tro a fy mod yn haeddu saib felly mi es i lawr i'r King's Arms ar Stryd Fawr Bangor lle'r oedd peint rhagorol o Guinness i'w gael. Roeddwn yno gydag Alan Llwyd ac un neu ddau arall pan ddaeth criw o hogiau Dyffryn Conwy heibio ar eu ffordd i Killarney i'r Ŵyl Ban Geltaidd. Trodd y saib o un noson yn benwythnos, achos erbyn i Alan a fi ddod atom ein hunain roeddem mewn pabell mewn cae yn Killarney yn difaru'n henaid i ni wneud peth mor ffôl. Roedd yn anodd trio mwynhau yn Iwerddon a ninnau heb fawr o bres, dim dillad glân na thaclau ymolchi, er gwaethaf haelioni hogia Dyffryn Conwy. Rhyw sleifio oddi yno wnaethom ni ar ôl rhyw ychydig ac roeddwn yn ôl yn llyfrgell y coleg erbyn dechrau'r wythnos. Ac mi lwyddais i gael gradd, felly wnaeth fy seibiant yn Iwerddon ddim drwg mawr i mi.

Dechreuwyd rhyw fath o draddodiad ar ôl arholiadau'r haf a chyn diwedd y tymor o fynd am y diwrnod i Ynys Manaw gan fod modd hwylio i Douglas o Landudno yn y dyddiau hynny. Rhyw hen gwch digon bach oedd yn mynd a gallai'r fordaith fod yn un arw ar adegau. Dwi'n cofio un o'r tripiau pan oedd criw o fyfyrwyr Bala Bangor yn digwydd croesi'r un pryd â'r rafins. Aeth eu criw nhw yn syth ar y dec tra bod y criw llai parchus wedi mynd i waelod y cwch i'r bar. Wnaeth eu hymdrechion i dawelu'r dyfroedd drwy ganu emynau ddim gweithio ac erbyn cyrraedd Douglas roedden nhw'n griw digon gwyrdd a llwyd eu pryd tra bod criw bochgoch iach yn glanio'n ysgafndroed o fol y cwch ac yn brasgamu am y bwyty Tsieineaidd ac yna i'r dafarn agosaf. Ella bod criw Bala Bangor wedi gweld mwy ar Douglas na ni ond wnaethon nhw ddim clywed datganiad enwog Charlie o 'Campbelltown Loch I wish you were whisky', na Ieu Parry yn siarad Saesneg drwy gyfrwng y Gymraeg.

Mae Bangor wedi newid yn arw erbyn hyn wrth gwrs fel pob man arall. Er bod tafarn y Glôb yn dal yno mae caffi'r Provençal a Kit Rose a Siop Treflan wedi hen fynd ac mae bwytai ethnig amrywiol iawn ac archfarchnad fawr yno erbyn hyn. Dwi'n amau bod ysbryd pentref Bangor Uchaf a llawer o'r diniweidrwydd wedi mynd hefyd yn anffodus.

# Padi

Pan ddeuai'r plant o'r ysgol fe'i gwelsant ar y bryn
a'i gôt fawr lwyd yn garpiau ar ei gefn
roedd y plant yn hoff ohono ac yn hoff o dynnu ei goes
ond chlywais erioed mohono'n dweud y drefn
ac âi yn ôl i'r odyn galch lle'r oedd o'n byw ei hun
ac yno roedd yn cysgu gyda'i dân a'i botel win

Fe ddaeth draw i Gymru ar ôl y Rhyfel Mawr
o Donegal a'i eiddo yn ei law
pumpunt yn ei boced a photel fawr o gin
cyrhaeddodd dref Caergybi yn y glaw
ac aeth yn syth i'r odyn galch lle'r oedd yn byw ei hun
ac yno roedd yn cysgu gyda'i dân a'i botel win

Un bore yn y gwanwyn y crwydryn aeth i ffwrdd
gan adael dim ond marwor ar ei ôl
tybed i ble'r aeth o bererin mwyn y ffordd
efallai at ei deulu'n Donegal
ond roeddwn i'n ei nabod ac yn ei alw'n ffrind
ac rwyf yn dal i'w gofio er ei fod o wedi mynd

*Jên Ebenezer a fi ar wyliau yn Agistri*

*Padi* oedd y gân gyntaf i Mynediad am Ddim ei recordio, ar LP aml-gyfrannog i Adfer o'r enw *Lleisiau*, ac roedd yn un o'r nifer o ganeuon cynnar a sgwennais ar gyfer y grŵp. Sgwennais i hon ar y cyd â Robin Evans. Hen dramp yn ochrau Llangefni oedd Padi Bach a dychmygol hollol ydy'r hanes yn y gân – côt fawr frown dwi'n gofio ar ei gefn beth bynnag, dim un lwyd. Ond mae gen i gof o'i weld yn eistedd o flaen tân yn un o'r odynnau calch sydd i'w gweld hyd heddiw ar ochr yr A55 sy'n mynd ar draws Sir Fôn (yr A5 neu'r Lôn Bost oedd hi ers talwm). Mae fferm Lledwigan yn agos at yr odynnau calch ac roedd fanno ers talwm yn enwog fel rhywle oedd yn rhoi croeso i dramps. Tramp enwocaf Sir Fôn pan oeddwn i'n blentyn oedd Washi Bach; roedd gan y plant ofn hwnnw ac mae'n debyg ei fod yn gallu bod yn hen ddiawl bach blin, ond roedd Padi yn hen foi clên a boneddigaidd iawn o'r hyn dwi'n gofio.

Ymunais â Mynediad am Ddim ychydig wedi i mi symud i lawr i Aberystwyth ar ôl gorffen yn y coleg ym Mangor. Bellach roedd yn amser i beidio â bod yn fyfyriwr a dechrau gweithio ond cyn cael swydd ddysgu yn llawn amser mi gefais swydd fel llyfrgellydd dan hyfforddiant yn llyfrgell Ceredigion, Aberystwyth. Y syniad oedd fy mod i'n gweithio yng ngwahanol adrannau'r llyfrgell am flwyddyn ac yna'n mynd i Goleg y Llyfrgellwyr am flwyddyn. Roeddwn i'n hoff iawn o lyfrau felly beth allai fynd o'i le?

Doeddwn i'n adnabod fawr neb yn Aberystwyth ar y dechrau ond yn raddol fe ddechreuais wneud ffrindiau yn y dre. Myfyrwyr oedd y rhain yn bennaf, wedi'r cwbl dim ond newydd adael coleg yr o'n i a heb ddechrau parchuso eto (dwi'n dal i ddisgwyl i hynny ddigwydd) a doeddwn i fawr hŷn na'r rhan fwyaf ohonynt.

Aeth y flwyddyn gyntaf dan hyfforddiant yn iawn, y cyfnod yn y coleg oedd fy nghwymp. Erbyn hyn roeddwn i'n fyfyriwr bach unwaith yn rhagor ond yn ennill cyflog y tro yma – yr hyn y basa Sais yn ei alw yn rysáit trychineb. Dechreuais fynd allan yn amlach gyda'r nos a gwario fy nghyflog ar gwrw ac oferedd, byw fel myfyriwr penchwiban pan o'n i'n derbyn cyflog gan y Cyngor Sir i ddilyn gyrfa i fod. Doedd gen i ddim diddordeb nac amynedd o gwbl i wneud unrhyw waith yn y coleg ac fe ddaeth yn amlwg yn weddol fuan bod y diwedd fel llyfrgellydd wedi dod cyn iddo ddechrau go iawn. Dwi'n cofio Dewi Pws yn edrych arnaf mewn syndod pan ddwedais wrtho fy mod mewn coleg i lyfrgellwyr.

'Beth wyt ti'n wneud yno, dysgu rhoi llyfrau'n syth a

sut i ddweud "Shhh" yn uchel?' A deud y gwir, fedrwn i ddim cynnig ateb call i'w gwestiwn achos doedd gen i ddim syniad fy hun be ddiawl yr o'n i'n ei wneud yno.

Fe ddes i'n ffrindiau ag Emyr Wyn yn y cyfnod yma a gan ei fod yn amlwg iawn yn y sesiynau canu yn y tafarndai, gofynnais iddo un noson a fasa ganddo ddiddordeb mewn dechrau grŵp newydd. Atebodd fod grŵp ganddo eisoes a gofynnodd a fasa gen i ddiddordeb ymuno â nhw. Es i i'w clywed yn canu ym mar cefn y Blingwyr a lecio eu sŵn a'u caneuon felly dyma ymuno, a dyna sut y des i'n aelod o Mynediad am Ddim. Erbyn hynny roedd gen i nifer o ganeuon yr o'n i wedi eu gorffen a dim syniad beth i'w wneud â nhw ond wrth lwc roedd rhyw naws werinol iddyn nhw oedd yn addas ar gyfer sŵn Mynediad.

Roedd y grŵp ar y dechrau wedi ei rannu'n amlwg yn gantorion – Emyr Wyn, Robin Evans a Mei Jones, ac offerynwyr – Graham Pritchard, Iwan Roberts, Dewi 'French Horn' Jones a finnau. Roedd llawer o gellwair a thynnu coes rhwng y ddwy garfan, a llawer o edliw ysgafn hefyd bod Emyr Wyn yn cyfansoddi'n fyrfyfyr yn hytrach na dysgu'r geiriau iawn. Wedyn daeth Sbardun i ymuno â ni i chwarae gitâr a mandolin gan roi cyfle arall iddo fo a fi ymddangos ar lwyfan efo'n gilydd.

Dyddiau da oedd y rheini yn Aber. Roedd y Blingwyr yn byrlymu efo hwyl a chanu ac ati ac mae unrhyw un oedd yn mynychu'r lle bryd hynny'n cofio glynu yn yr hen garped oedd wedi ei socian mewn galwyni o gwrw a gwaeth dros y blynyddoedd. Mae nifer fawr iawn o fyfyrwyr oedd yno bryd hynny wedi dod i amlygrwydd cenedlaethol wedyn fel prifeirdd, arlunwyr, cantorion, cyflwynwyr a chynhyrchwyr teledu a gwleidyddion a sawl maes arall. Mae rhestr yr enwau cyfarwydd oedd yn Aber mewn cyfnod cymharol fyr yn drawiadol iawn ond mae gormod ohonyn nhw i'w rhestru heb bechu rhywun.

Mynd o nerth i nerth wnaeth Mynediad, yn enwedig ar ôl wythnos lwyddiannus o ganu yn Steddfod Cricieth ym 1975. Yn fuan wedyn aethom i stiwdio Sain a recordio ein record gyntaf, *Wa McSpredar*, ac yn sgil hynny daeth mwy a mwy o alwadau i ganu ar hyd a lled Cymru. Roedd hyn yn weddol hawdd ar y dechrau gan fod pob aelod o'r grŵp yn byw yn Aberystwyth bryd hynny. Ambell waith mi fyddem yn cael benthyg bws bach y coleg oedd yn ddigon mawr i ni i gyd deithio gyda'n gilydd a mynd â rhai o'n *roadies* amrywiol efo ni, myfyrwyr oedd yn fodlon cario cês gitâr i gael mynd i mewn i'r noson heb dalu. Dau o'r rhain dwi'n eu cofio'n iawn am eu hiwmor a'u hwyl ydy'r diweddar Rod Barrar a Keith 'Cardi' Davies. Mi fyddai Cardi, Iwan a fi yn treulio peth amser ar y teithiau hyn yn trio dewis tîm criced i gynrychioli'r byd mewn gêm brawf yn erbyn y blaned Mawrth ond byth yn mynd fawr pellach na dewis pwy fyddai'n cael agor y batio efo Geoff Boycott; plentynnaidd iawn ella, ond ffordd dda o basio'r amser.

Os nad oedd bws y coleg ar gael byddai'n rhaid teithio mewn ceir ac yn amlwg doedd hynny ddim cymaint o hwyl gan nad oedd pawb efo'i gilydd. Un tro roedd Graham ac Iwan wedi teithio efo'i gilydd yng nghar Graham i ryw gyngerdd yn y de. Dwi'n cofio'n iawn ei bod yn noson ganol gaeaf ac yn noson eithriadol o oer. Cyrhaeddodd y ddau ohonyn nhw'r lleoliad ac roedd Iwan druan yn biws ac yn cwyno'n ofnadwy nad oedd gwres o gwbl yng nghar Graham. Mae'n rhaid ei fod wedi cynhesu digon i allu chwarae gitâr ond wedyn roedd yn gorfod wynebu'r siwrnai yn ôl a phan welodd Graham yn rhoi *antifreeze* yn yr injan gofynnodd yn daer a fasa fo'n cael cegiad i weld os basa hynny'n helpu rhywfaint.

Ond ar ôl cyfnod yn Aberystwyth roeddwn i wedi symud i fyw i Gaerdydd ac roedd yn fwy anodd teithio wedyn er bod Emyr Wyn hefyd wedi symud i lawr, ac yn wir yn rhannu tŷ efo fi am sbel. Roeddwn hefyd yn dechrau cael digon ar berfformio ar lwyfan. Fues i erioed yn gyfforddus iawn yn perfformio'n gyhoeddus ac roedd yn dechrau mynd yn fwrn felly penderfynais adael y grŵp tua 1977. Erbyn hynny hefyd roeddwn i'n ddi-waith ac roedd unrhyw arian yr oedd y grŵp yn ei ennill yn mynd yn syth i'r cyfrif banc felly doedd dim ohono yn mynd i fy mhoced, ac mi fasa cael rhyw fymryn o bres cwrw a ffags ar ben y dôl wedi bod yn help garw. Wnes i ddim amseru fy ymadawiad yn rhy dda achos ar ôl i mi adael mi gafodd y grŵp wahoddiadau i berfformio yn Iwerddon a Llydaw ac mi gollais i'r tripiau hynny.

Un o'r nosweithiau olaf i mi efo'r grŵp os cofia i'n iawn oedd noson yn canu yn Neuadd Gerddi Sofia. Roedd y neuadd yn nefoedd i hogia oedd yn lecio peint cyn canu gan fod tua deg bar y naill ochr a'r llall i'r lle. Ac mi wnaethom ddefnydd helaeth ohonyn nhw hefyd. Roedd hynny, a'r ffaith ei bod yn weddol hwyr arnom yn perfformio am yr eildro'r noson honno, yn golygu nad oedd llawer iawn o sglein ar ein canu. Roedd Sbard yn sefyll wrth fy ochr ar un adeg, a sylweddolais nad o'n i'n clywed sŵn ei fandolin ac o edrych arno gwelais ei fod wedi mynd i gysgu ar ei draed. Mi fyddai o'n deud mod innau wedi pendwmpian mymryn hefyd, wn i ddim am hynny ond yn sicr doedd 'na ddim siâp perfformio ar yr un o'r ddau ohonom a dwi ddim yn siŵr faint gwell oedd rhai o aelodau eraill y band.

Ond o leiaf mi fyddai arian y grŵp yn cael ei ddefnyddio o bryd i'w gilydd er mwyn gael rhywfaint o amser da. Dyna darddiad enw ail record hir Mynediad,

*Mae'r grŵp yn talu.* Cafwyd un o'r nosweithiau hyn ar ôl i ni ganu ym Maesteg. Roedd pawb yn aros mewn gwesty felly roedd sicrwydd o beint bach ar ôl gorffen. Ar wahân i'r grŵp ei hun roedd nifer o ffrindiau a chariadon wedi dod efo ni ac mi gafwyd noson i'w chofio yn y gwesty ar ôl y cyngerdd. Efo'r holl wynebau cyfarwydd o ddyddiau Aber roedd rhywun yn cael ei atgoffa o ddyddiau da'r Blingwyr unwaith eto.

Y peth gorau o ddigon a ddigwyddodd i mi yn fy nyddiau yn Aber oedd dod yn ffrindiau â Lyn a Jên Ebenezer. Un noson ym 1974, a finnau'n fyfyriwr o fath unwaith eto dechreuais siarad â Lyn ym mar y Blingwyr. Roeddwn i'n gwybod amdano ac yn gwybod ei fod yn ffrind â gweddill aelodau'r Tebot ond gan mai ysbeidiol oedd fy mhresenoldeb i gyda'r grŵp doeddwn i heb ei gyfarfod o'r blaen. Ond fe ddaethom yn ffrindiau pennaf ar unwaith, fel ag y digwyddodd gyda Sbard oherwydd bod gennym gymaint yn gyffredin; roeddem yn lecio'r un bobl a'r un gerddoriaeth. Roeddem hefyd yn hoff iawn o ddarllen llyfrau am lofruddiaethau go iawn. Mae'r ddau ohonom yn hoff iawn o lyfrau Stephen King ac wedi cael hunllefau digon tebyg ar ôl darllen ei gampweithiau. Mae'r cyfeillgarwch wedi para a chryfhau dros y blynyddoedd.

Yn sgil dod yn ffrindiau efo Lyn mi ddes i hefyd yn ffrindiau da iawn efo'r annwyl Jên Ebenezer. Dwi ddim yn siŵr pryd yn union i mi gwrdd â Jên ond mae'n weddol bendant bo fi wedi gorfod aros am beth amser cyn cael cyfle i ddweud gair yn ôl gan fod Jên yn siarad lot fawr. Yr unig dro y mae hi'n ei chael yn anodd dweud gair ydy pan fydd Lyn a fi'n siarad am Bob Dylan. Mae hi'n garedig a chymwynasgar ac yn llwyr haeddu'r enw a roddodd mam Dewi Pws iddi, sef 'Jên fach yr Arglwydd'.

Rydym ni'n tri yn hoff iawn o gerddoriaeth o bob math

ond yn arbennig gerddoriaeth *country*, yn ogystal â cherddoriaeth boblogaidd ein hieuenctid fel Elvis a Roy Orbison a Johnny Cash a chewri eraill o'r fath. Mi fasa Jên yn rhoi Cliff yn yr un categori wrth gwrs ond mi fasa'n well gan Lyn a fi roi hwnnw yn erbyn wal o flaen sgwad saethu. Mae cerddoriaeth Iwerddon yn ffefryn hefyd ac yng nghwmni Lyn a Jên mi fues i'n gweld y Dubliners sawl gwaith. Ymhen amser mi ddaeth Lyn a fi yn ffrindiau efo aelodau'r grŵp anhygoel hwn oedd wedi bod ymysg fy hoff fandiau ers i mi glywed *Seven Drunken Nights* ar Radio Caroline pan o'n i'n dal yn yr ysgol. Bob tro yr oeddem yn cwrdd â nhw mi fyddai Ronnie Drew, un o sylfaenwyr y grŵp, yn dweud wrthym gysylltu ag o unrhyw dro y byddem yn Nulyn ond doeddem ni byth yn gwneud, ac mi fyddai'n edliw hynny i ni y tro nesaf y byddem yn ei weld.

Felly dyma Lyn a fi'n penderfynu mynd i Ddulyn am benwythnos a chysylltu â Ronnie gan feddwl efallai gael rhyw awr yn ei gwmni. Ond wrth i ni gamu oddi ar y cwch yn Dun Laoghaire dyna lle'r oedd y prif Ddubliner ei hun yn sefyll wrth ei gar yn smocio sigâr fawr ac yn codi ei law arnom. Cawsom ddiwrnod cyfan yn ei gwmni a hwnnw'n ddiwrnod difyr tu hwnt wrth gwrs, yn llawn straeon nodweddiadol o'r Gwyddel; straeon am gewri fel Patrick Kavanagh a Brendan Behan. Aeth â ni am dro yn y car i fryniau Wicklow cyn mynd â ni i'w gartref braf i gwrdd â'i wraig a'i deulu am ginio. Roedd yn un o'r Gwyddelod enwocaf mae'n siŵr ac roedd yn anodd iddo gerdded ar strydoedd Dulyn heb gael ei stopio am sgwrs bob munud felly roedd yn anrhydedd fawr i Lyn a fi gael ei gwmni am ddiwrnod cyfan bron.

Yn sgil dod i adnabod Ronnie a gweddill y Dubliners y cawsom gyfle i gwrdd â Shane McGowan pan oedd yn teithio efo'r Dubliners fel gwestai arbennig. Roeddem yn ymwybodol o'i ddawn cyfansoddi wrth gwrs ond yn amau efallai y basa fo'n dipyn o ben mawr, neu'n ben bach hyd yn oed, ond i'r gwrthwyneb yn hollol, roedd yn ddyn gwylaidd, boneddigaidd a hynod gyfeillgar.

Drwy gydol y 1980au a'r 1990au roedd criw ohonom yn mynd yn flynyddol i Ddulyn am benwythnos hir. Y criw oedd Alan Gwynant, Meic Povey, Iolo Povey, Dafydd Parri, Glyn Jones, Lyn Ebenezer a Huw Eurig, er na fyddem i gyd yn mynd ar bob trip. Ond yn sgil ein cyfeillgarwch â'r Dubliners cawsom gyfle i dreulio pnawn hir a gwlyb yng nghwmni chwaraewr banjo'r grŵp, y chwedlonol Barney McKenna, a hynny yn ei dafarn leol, y Lighthouse Bar yn Howth. Fe ddaeth John Sheahan ac Eamonn Campbell draw yno i gwrdd â ni un tro hefyd. Ond roedd y pnawn yng nghwmni Barney a Sean Óg ei frawd yn un yr oeddwn wedi breuddwydio amdano ers dyddiau Radio Caroline – cael eistedd mewn tafarn efo un o'r Dubliners yn gwrando arno'n chwarae alawon ar ei fanjo – ac fe wireddwyd y freuddwyd fach honno. Mae'r diwrnod yn dal yn fyw yn y cof, sy'n syndod o ystyried faint o Guinness a yfwyd.

Daeth yn arferiad gennym i fynd i'r Lighthouse Bar yn Howth ar ddydd Sul pan oeddem ar un o'n tripiau hyd yn oed os nad oedd Barney adref. Mae hi'n dafarn braf ac yn llawn cerddoriaeth ar brynhawniau Sul ac yn daith braf i fyny ar y DART o Ddulyn. Yn anffodus, mae'r hen Barney wedi mynd i'r bar yn y nefoedd erbyn hyn at Ronnie, Luke Kelly, Ciarán Bourke, Eamonn Campbell a Bobby Lynch, ac mae ein tripiau ninnau i Ddulyn wedi dod i ben.

# Pappagios

Mae'r miwsig yn uchel a'r goleuadau yn fflachio
mae'r stafell yn troi a phawb o gwmpas yn dawnsio
mae blas y gin fel dŵr beth am gael un arall John

rwy'n trio ei hanghofio hi
ond mae'n anodd mewn lle fel hyn
ac mae hithau yma
yn dawnsio dan y golau gwyn
a'r unig ffordd i wella fy mhen
yw yfed y botel i gyd

Rwy'n ysgwyd fy mhen, rwy'n clywed rhywun yn canu
rwy'n edrych o nghwmpas a'r holl wynebau yn gwenu
mae blas y gin fel dŵr beth am gael un arall John

rwy'n trio ei hanghofio hi
ond mae'n anodd mewn lle fel hyn
ac mae hithau yma
yn dawnsio dan y golau gwyn
a'r unig ffordd i wella fy mhen
yw yfed y botel i gyd

Hywel a Bet, mae'ch potel win yn diflannu
peidiwch edrych arnaf fi pan fydd Demis Roussos yn canu
rhag ofn i chi weld y dagrau yn fy llygaid

*John Bŵts, Rhydd a fi yn bwyta ein swper yng ngolau'r car yn Awstria – Mici dynnodd y llun*

Clwb nos yng Nghaerdydd oedd Pappagios oedd yn boblogaidd iawn ymhlith Cymry Cymraeg ifanc y ddinas tua diwedd y 70au. Roedd yn nes at ganol y dre na'r Casino Club oedd i lawr yn y dociau oedd hefyd yn gyrchfan poblogaidd i yfed ar ôl amser cau.

Mae 'na ryw naws Roegaidd i alaw a threfniant y gân a dwi'n arbennig o hoff o wlad Groeg a'i phobl. Y tro cynta' i mi gael pasbort a mentro dramor oedd ym 1978 a finnau yn 28 oed. Ar y pryd roeddwn i'n ddi-waith ac yn cael llety rhad ac am ddim yn nhŷ fy nghyfaill mawr (ym mhob ystyr) John Pierce Jones, neu John Bŵts. Chwarae teg i John, roedd o, ac mae o yn ddyn hael iawn, wnaeth o erioed godi ceiniog o rent arnaf fi, Dyfed Thomas na Gwilym Owen oedd hefyd yn byw yn y tŷ yn achlysurol.

Wnaeth o erioed ofyn am gyfraniad at y biliau hyd yn oed. Llety gwych ar y naw i rywun di-waith.

Dwi'n cofio'r prynhawn a arweiniodd at y gwyliau yn iawn, pan oedd John a Mici Plwm yn siarad am fynd i ffwrdd i ryw wlad dramor am ychydig. Roedd y ddau yn brysur yn y cyfnod hwnnw yn actio a pherfformio ac yn ennill arian da a chyson. Mis Medi oedd hi ac roedd y ddau am fod yn segur am rai wythnosau ac yn awyddus i fynd i ffwrdd i'r haul. Aeth y sgwrs yn ormod i mi gan nad oedd unrhyw ffordd y gallwn i fforddio mynd efo nhw felly mi sleifiais i o'r ystafell a mynd i fy ystafell wely i bwdu a chwarae fy gitâr.

Toc, dyma John yn gweiddi arnaf i ddod i lawr. 'Da ni wedi penderfynu mynd i wlad Groeg,' medda fo. 'Neis iawn,' medda finna, heb fawr o frwdfrydedd. Aeth ymlaen i esbonio sut y basa hi'n dal yn weddol boeth yno a'i bod yn wlad rad iawn i fod ynddi ac yna dywedodd ei fod o a Mici wedi penderfynu gyrru i wlad Groeg yn hytrach na hedfan. 'Felly,' meddai John, 'mi fydd y car yn mynd ac mi fydd y sêt gefn yn wag, felly fasa waeth i chdi fod yn ista arni ddim.' Yr hyn yr oedd yn ei gynnig i mi oedd gwyliau rhad iawn dros y dŵr. Chymerodd hi fawr o amser i mi gytuno i fynd er nad oedd gen i basbort.

Digwyddodd hyn ar ddydd Iau am wn i ac ar y dydd Gwener roedd John a Mici yn mynd ar drip i Gorc efo'r BBC am y penwythnos a phan ddaethant yn ôl ar y nos Sul y peth cyntaf ddywedodd John wrtha i oedd bod Rhydderch Jones hefyd am gael ista ar y sêt gefn a dod efo ni ar ein hantur. Wel, ro'n i'n ysu am gael mynd ar ôl clywed hyn.

Ddechrau'r wythnos wedyn aethom ati i roi trefn ar ein taith – mynd i Gasnewydd i gael pasbort oedd y cam cyntaf i mi. Wedyn aethom ati i logi pabell, un â ffrâm a rhyw ddwy ystafell ynddi yn hytrach na'r hen deip efo polyn y naill ben a'r llall i'r babell a llinynnau i'w dal yn ei lle. Roedd Rhydderch yn amlwg wedi bod yn gwersylla rhywfaint gan fod ganddo dipyn o gyfarpar fel stôf nwy, llestri plastig a dau wely gwynt – un dwbl ac un sengl. Roeddwn i'n berchen ar wely gwynt sengl eithriadol o hen hefyd, ac un oedd yn gollwng fel y dysgais yn fuan iawn ar y daith. Peth arall oedd gan Rhydderch a ddaeth yn ddefnyddiol – wel, am ran o'r daith – oedd *roof rack*. Oherwydd hwn roedd modd llwytho bag mawr y babell a phethau eraill ar do'r car, wedyn gosod y gwely gwynt dwbl dros y cwbl fel rhyw orchudd. Beth allai fynd o'i le?

Ar ôl croesi o Dover i Calais o gwmpas yr hanner nos penderfynwyd bwrw ymlaen â'r daith a gyrru drwy'r nos i weld pa mor bell y basa ni'n cyrraedd cyn codi ein pabell. Aethom o Ffrainc, drwy wlad Belg ac i mewn i'r Almaen a sgin i ddim cof o orfod dangos fy mhasbort newydd unwaith. Erbyn dechrau'r pnawn roeddem wedi cyrraedd lle o'r enw Hanau, rhyw 25km o Frankfurt. Roeddem yn llongyfarch ein hunain ar y daith ddi-lol hyd yma ac ar ganfod maes gwersylla derbyniol iawn yn y dre. Ond roedd yn amlwg bod rhywbeth mawr yn bod ar y *roof rack*; roedd yn listio braidd a ddim yn eistedd yn syth ar do'r car. Ond eto, o'i ysgwyd roedd yn teimlo'n ddigon solat.

Ta waeth, aethom ati i dynnu popeth oddi arno a chodi'r babell. Doedd Rhydderch ddim yn rhan o hyn gan mai yn y car y basa fo'n cysgu oherwydd ei chwyrnu diarhebol. Mi ddywedodd Mici y basa'r chwyrnu o'r car yn siŵr o gadw unrhyw leidr neu ddrwgweithredwr draw rhag ofn bod gennym ni gi mawr ffyrnig yn y car. Y fi oedd yr unig un ag unrhyw brofiad o osod tent ffrâm a doedd y profiad hwnnw fawr o iws y tro cynta i ni wersylla. Mi fu John, Mici a fi wrthi am ryw ddwy awr yn bustachu efo'r blydi ffrâm ond bob tro yr oedd pethau'n edrych yn weddol roedd 'na un polyn dros ben. Ac i wneud pethau'n waeth, roedd 'na Almaenwr mawr mewn trowsus bach yn gwylio'r *three stooges* wrth eu gwaith ac ar ôl pob ymdrech ofer i osod y ffrâm mi fyddai John Bŵts yn rhegi ac yn bygwth 'Os na symudith y c\*\*t yna mi fyddai'n mynd draw a rhoi peltan iddo fo'.

Y bore trannoeth, braidd yn fregus ar ôl cwrw cryf Hanau, llwythwyd y cyfan yn ôl ar y *roof rack* ac aeth Rhydderch a fi ati i wneud yn siŵr na fasa'r blydi peth yn listio. Mi fuom ni'n tynhau sgriws ac yn defnyddio hen bacedi sigaréts i wejio a sicrhau bod y *roof rack* yn saff ac yn dynn, ac yna'n tynnu arno a'i ysgwyd. Ar ôl teithio am sbelan mi arhoson ni am 'chydig mewn rhyw bentre tlws i edrych eto ar y *roof rack* – roedd yn dal yno er nad oedd yn hollol syth. Roeddem yn amlwg wedi aros ar ganol llwybr beic achos dyma ddynes mewn oed heibio ar ei beic ac yn ein diawlio i'r cymylau, neu felly'r oedd yn swnio. Roedd hi wedi ei gwisgo mewn siwt frethyn, a het o'r un defnydd ar ei phen – fe allai yn hawdd fod yn ecstra yn ffilm *The Lady Vanishes* Alfred Hitchcock. Roedd Mici wedi ein twyllo ei fod wedi bod yn gweithio yn yr Almaen efo Manweb ac wedi dysgu dipyn o'r iaith, felly yn ei Almaeneg gorau dyma fo'n esbonio i'r hen grimpan 'Sorien, roofen racken kaputen'.

Ond ar ôl yr arhosiad byr yma roeddem yn argyhoeddedig na fasa'r *roof rack* byth yn symud eto. Ond symud wnaeth o, a hynny yn y man mwyaf peryglus posib – ar yr *autobahn*. Roeddem ni'n mynd ymlaen yn dalog pan ddaeth rhyw sŵn hyll o gyfeiriad y to a'r peth nesaf a welwyd oedd y *roof rack* a'i gynnwys yn dal arno, yn gorwedd ar ganol yr *autobahn*. Diolch i'r drefn nad oedd 'na neb reit tu ôl i ni neu mi fuasem wedi achosi damwain fawr. Llwyddwyd i lusgo'r *roof rack* a'i gynnwys i ochr y lôn rhwng y cerbydau oedd yn gwibio heibio. Roedd y gwely dwbl wedi rhwygo ac yn dda i ddim i neb felly roedd raid gadael hwnnw a'r blydi *roof rack* ar ochr y lôn a gwasgu bag mawr y babell a phob dim arall rhwng y ddau oedd yn eistedd yn y cefn. A deud y gwir, roedd hi'n eithaf clyd eistedd yn y sedd gefn wedyn, wedi ein gwasgu i'n sedd gan y babell a'r clustogau.

Roedd y gwely gwynt dwbl yn gorwedd ar ochr yr *autobahn* yn yr Almaen, roedd fy ngwely gwynt i'n hollol fflat bob bore felly aeth hwnnw i'r bin yn Awstria, felly roedd un gwely gwynt ar ôl. Penderfynwyd mai pwy bynnag fyddai'n gyrru'r bore drannoeth fyddai'n cael y gwely hwn a phan ddaeth yn dro i Mici mi chwythodd ormod o wynt i'r gwely ac wrth drio troi drosodd yn y gwely mi roddodd ei benelin drwyddo a'i fyrstio. Cysgu ar y llawr oedd ein hanes am weddill y gwyliau.

Ar wahân i hynny, cafwyd taith ddigon rhwydd a di-lol drwy'r Almaen, Awstria, yr hen Iwgoslafia (oedd yn un wlad bryd hynny) ac i wlad Groeg. Codwyd y dent ddwywaith yn ystod y daith – yn Awstria ac yn Zagreb – a bob tro roedd un blydi polyn dros ben. Fe gysgodd y pedwar ohonom am ryw awr neu ddwy yn y car ar y noson olaf cyn cyrraedd gwlad Groeg a gyrru drwy'r nos bron i osgoi glaw Iwgoslafia. Roedd y car wedi ei barcio mewn coedwig uwchben rhyw afon; penderfynwyd mai afon Strwma oedd hon (er ein bod yn bell iawn o'r afon honno mewn gwirionedd) a braf oedd clywed Rhydderch yn canu *Anfon y Nico* tra'r oedd y pedwar ohonom yn cael ein pisiad foreol cyn bwrw 'mlaen.

Cafwyd ychydig dros wythnos o wersylla braf ar lan y môr i'r de o Gorinth cyn i ni orfod meddwl am droi am adre. Doedd yr un ohonom yn edrych ymlaen am fynd yn ôl yr un ffordd ag y daethom felly trefnwyd ein bod yn dal cwch o Patras yng ngogledd y Peloponnese draw i'r Eidal a gyrru o Bari neu Brindisi am adre.

Penderfynodd John a Mici y basa nhw'n archebu caban ar gyfer y fordaith dros nos, oedd yn cymryd yn ddigon agos at 20 awr bryd hynny, tra byddai Rhydderch a fi yn gwneud y tro ar y cadeiriau yn lolfa'r llong efo gweddill yr hipis oedd yn hwylio arni. Chafodd John na Mici fawr o gwsg gan fod y caban yn boeth a bod y llong yn swnllyd ond mi gafodd teithwyr y lolfa lai o gwsg oherwydd chwyrnu Rhydderch. Dwi'n cofio eistedd yno yn chwerthin efo fi fy hun wrth weld ambell hipi yn cerdded o gwmpas y lolfa yn edrych yn flin iawn ar y dyn mawr oedd yn cysgu'n braf. Dywedodd Mici wrth Rhydderch yn y bore fod y Capten wedi bod yn cwyno na allai glywed peiriannau ei long oherwydd sŵn Rhydd.

Ychydig ar ôl i ni gyrraedd yr Eidal a chychwyn unwaith eto ar ein taith roedd yn rhaid i ni chwilio am rywle i dreulio'r nos. Ymhen amser daethom ar draws rhyw *chalet* unig ymhell o bobman a llwyddo i gael rhyw ystafell oedd yn llawn o welyau bync. Ardderchog, ac mi oedd Rhydd am gael sbario cysgu yn y car chwarae teg. Y peth nesa ar yr agenda wrth gwrs oedd bwyd a diod – lot o ddiod fel y digwyddodd.

Rhyw filltir ella o'r *chalet* roedd bwyty bach diarffordd a dim byd arall i'w weld ar ei gyfyl. Cawsom groeso mawr gan y perchennog/cogydd ac er nad oedd ganddo fawr mwy o Saesneg nag oedd gennym ni o Eidaleg mi gawsom wledd. Roedd yn fwy na pharod i lenwi poteli gwin coch i ni o gasgen fawr oedd ganddo ac roeddem ninnau'n reit hapus i'w gwagio, yn ogystal â photeli mawr o amaretto. Erbyn hyn roedd gŵr a gwraig, rhyw Mr a Mrs Jones (y fo o dras Cymreig) wedi ymuno â ni rownd y bwrdd.

Americanwyr oedd y rhain. Roedd gan yr Unol Daleithiau wersyll milwrol yn y cyffiniau ac roedd Mrs Jones yn gweithio yno dwi'n meddwl. Yn ogystal â'r gŵr a'r wraig roedd dau Eidalwr wedi ymuno â ni ac roedd un ohonyn nhw'n closio at Mrs Jones, yn closio'n agos iawn hefyd, a hynny dan drwyn Mr Jones druan.

Erbyn hyn roedd y gwin a'r amaretto wedi cael effaith arnom ac roedd Rhydderch yn canu'n braf. Roedd Mrs Jones wedi rhyfeddu fod chwech ohonom rownd y bwrdd â'r cyfenw Jones. 'We're all Jones round this table,' meddai hi wrth ei *gigolo*, 'that's John Jones, that's Michael Jones, that's Em Jones and that,' meddai hi gan bwyntio at Rhydderch *Thomas* Jones, oedd erbyn hyn yn morio canu *Chattanooga Choo Choo* (gofyn am gân Gymraeg wnaeth Mrs Jones!) 'is Tom Jones.' Chwerthin wnaeth yr Eidalwr a dweud mewn Eidaleg, ond roedd yr ystyr yn ddigon clir i bawb, 'If that's Tom Jones I'm Sophia Loren.'

Yn ôl yn y *chalet*, dim chwyrnu diarhebol Rhydderch gadwodd John, Mici a fi ar ddihun am oriau ond mosgitos. Roedd y *chalet* ar dir eithaf corslyd ac ella bod hynny wedi gwneud pethau'n waeth ond roedd y tri ohonom yn cael ein deffro'n rheolaidd gan sŵn grwnian y mosgitos yn ein clustiau. Yn rhyfedd iawn mi gafodd Rhydd lonydd drwy'r nos.

I fyny â ni drwy'r Eidal dros y ffin i'r Swistir. Ar ôl croesi'r ffin aeth Rhydderch ati i newid ei lire i ffrancs y Swistir. Ryw chwarter awr yn ddiweddarach roeddem yn croesi'r ffin i Ffrainc ac roedd raid iddo newid ei bres eto heb gael cyfle i wario'r un ffranc.

Cafwyd gwesty ar gyfer ein noson olaf yn Leon ond erbyn hynny roedd ymosodiadau milain mosgitos yr Eidal wedi deud ar John, Mici a fi a dim ond crafu fuom ni, crafu efo brwsh gwallt weithiau, crafu hyd at waed.

Mi gysgodd Rhydd yn sownd fel y gwnaeth bob nos o'r daith.

Roedd Rhydd yn arbennig o hoff o wlad Groeg a'i phobl ac rwyf innau hefyd ar ôl y daith fythgofiadwy yna ym 1978. Ambell i dro trwstan wrth gwrs, fel y gellid disgwyl efo pedwar hogyn ifanc oedd yn treulio bob gyda'r nos yn yfed cwrw, gwin ac ouzo, ond doeddem ni ddim gwaeth ar ôl cyrraedd Caerdydd. Ac ar ôl cyrraedd yn ôl roedd siec dôl pythefnos yn aros amdanaf – digon o arian bryd hynny i dalu am fy ngwyliau gan mai dim ond eistedd ar sêt wag mewn car oeddwn i wedi ei wneud.

Mae gwlad Groeg yn dal yn rhesymol iawn ac yn atyniad blynyddol o hyd.

# Y Ffordd ac Ynys Enlli

Ar y ffordd i Ynys Enlli ges i syniad yn fy mhen
y gallwn weld y llun yn fwy clir
ond lle bynnag ro'n i'n cerdded i'r gogledd neu i'r de
ni allwn fynd yn ddim nes at y gwir

Ar y ffordd ar Ynys Enlli ges i syniad yn fy mhen
'mod i wedi gweld dau flodyn hardd
ond roedd dagrau yn fy llygaid a phan drois yn ôl i weld
doedd na ddim ond defaid yn yr ardd

Ar y ffordd o Ynys Enlli ges i syniad yn fy mhen
nad oedd hi'n fy ngharu i ddim mwy
roedd hi'n caru rhywun arall roedd hynny'n ddigon clir
ond doedd gen i ddim syniad pam na phwy

Wrth edrych nôl ar Ynys Enlli ges i syniad yn fy mhen
nad oedd heli'r môr yn ffordd i wella clwy'
ac wrth weld y swnt yn berwi fe wyddwn i yn iawn
nad awn i ddim i groesi'r Swnt byth mwy

*Mici a fi yn mwynhau G&T ar Ynys Enlli*

Mae 'na rywbeth am ynysoedd sy'n apelio'n fawr ataf fel y dywedais sawl gwaith mewn sawl lle. Rhywdro tua diwedd y 1980au mi benderfynais y basa'n syniad da i gael gwyliau ar Ynys Enlli. Roedd Mici Plwm wedi bod yn mynd yno ar ei ben ei hun am ryw fis ar y tro ers rhai blynyddoedd ac mi awgrymodd y basa'n gyfle i minnau ymuno â fo am wythnos. Roedd y syniad yn sicr yn apelio ac mi drefnais i a'r diweddar Brifardd Gwynn ap Gwilym fynd draw ato. Roedd Gwynn a fi wedi bod yn y Brifysgol ym Mangor efo'n gilydd ac roedd wedi bod yn rhannu tŷ hefo John Bŵts a fi yng Nghaerdydd am gyfnod, ac roedd Mici wedi bod yn rhan o'r criw ym Mangor ac yna yng Nghaerdydd felly roeddem yn adnabod ein gilydd yn dda ac yn gwybod y basa Gwynn yn gwmni rhagorol am wythnos ar ynys.

Rhan o hwyl mynd i Enlli oedd hel bwydydd ac ati – poteli 'diodydd poethion' (chwedl Wil Sam/ Ifas y Tryc), bocsys gwin a hanfodion eraill. Roedd yn handi iawn fod gan Gwynn gar neu mi fasa fy nghyfraniad i at y cwpwrdd bwyd a diod wedi bod yn dila ar y naw. Roedd angen cario pob briwsionyn hefo chi bryd hynny i bob pwrpas – dwi'n deall fod modd prynu nifer o bethau ar yr ynys erbyn hyn, ond bryd hynny doedd yna ddim ar gael ar wahân i datws weithiau. Ac yn ogystal â bwydiach roedd angen cario dillad at bob tywydd, rhag ofn.

Roedd gen i ddillad digon addas ar gyfer wythnos o fyw yn flêr ar ynys pan gychwynnodd y ddau ohonom, ond Gwynn, am wn i, oedd y cyntaf i fentro dros Swnt Enlli o Bwllheli yn gwisgo côt ledr laes fel un yr SS a cholar a thei – tei Eisteddfod Genedlaethol Bro Ddyfi 1981. Ac mi wisgodd y tei fwy nag unwaith tra'r oeddem yno. Rhaid dweud bod y tei yn flerach o lawer erbyn diwedd yr wythnos nag ydoedd ar y dechrau. Doedd dim trydan ar yr ynys wrth gwrs ac felly cannwyll neu lamp nwy fyddai'n goleuo'r tai fin nos. Mi fyddai Gwynn yn cadw cannwyll wrth ei ymyl gyda'r nos er mwyn tanio ei ffags ond bob tro y byddai'n tanio un mi fyddai gwêr yn diferu dros ei dei a gan ei fod yn smocio fel stemar roedd y tei yn stremp o wêr cannwyll ymhen dim amser.

Y drefn arferol i'r tri ohonom oedd codi ac yna gael brecwast mawr cyn meddwl am wneud dim byd arall. Mici oedd y cogydd, ac roedd yn un da a threfnus yn y gegin ac yn cymryd pleser mewn paratoi bwyd. Fi oedd KP1 a Gwynn oedd KP2– sef *kitchen porter* 1 a 2. Fy nyletswyddau i oedd paratoi'r bwyd ar gyfer y cogydd – torri'r tomatos a'r madarch, torri bara menyn a gwneud y te a gosod y bwrdd ac yna erbyn swper plicio tatws a llysiau a gweini'r G&T cyn bwyd. Gorchwyl Gwynn fel KP2 oedd golchi a sychu'r llestri a thwtio'r gegin. Roeddem ni'n dîm da iawn ar y cyfan.

Un tro, pan mai dim ond Mici a fi oedd wedi mynd drosodd roeddem wedi teithio i fyny drwy Swydd Henffordd ac wedi prynu casgen fach o seidar. Yn yr un siop roedd bargen i'w chael, sef bocs enfawr o domatos meddal am £1. Mi fu'r ddau ohonom yn cael 3-4 tomato yr un efo'r brecwast am ddiwrnodau. Hyfryd iawn!

Ar ôl brecwast mawr mi fyddem yn mynd am dro ac allan y byddem ni wedyn drwy'r dydd os nad oedd y tywydd yn ddifrifol o wael, a fedra i wir ddim cofio i ni gael gormod o law trwm i'n hatal rhag crwydro'r ynys yr holl droeon y buom yno. Er nad ydy Enlli mor fawr â hynny mae'n syndod pa mor hawdd ydy osgoi dod i gysylltiad â phobl eraill. Pan oeddem ni'n mynd yno, tua diwedd mis Gorffennaf fel arfer, mi fyddai'r tai yn eithaf llawn ond roedd modd treulio amser yno heb orfod siarad gormod â neb arall os mai dyna oedd eich dewis.

Rhyw gerdded o gwmpas yn weddol ddigyfeiriad fyddem ni drwy'r dydd fwy neu lai – stopio am banad yn y tŷ weithiau. Wedyn ar ddiwedd y pnawn roedd y cogydd a KP1 yn paratoi'r swper. Os na fyddai'r tywydd yn rhy oer neu fygythiol mi fyddem yn mynd am dro bach wedyn ar ôl bwyd at ryw fan a fedyddiwyd gennym yn 'carreg rhoi'r byd yn ei le'. O fanno roeddem yn gallu gweld y tir mawr ac roedd rhywbeth hynod o braf yn hynny. Gallai rhywun ddychmygu pobl yn eu tai ar y tir mawr efo'u golau trydan a'u teledu yn paratoi ar gyfer gyda'r nos – pobl yn mynd i'r pictiwrs, allan am fwyd neu am beint tra ein bod ni yn edrych ymlaen at noson o yfed gwin yng ngolau cannwyll a sgwrsio heb feddwl am deledu.

Ac ar ôl iddi dywyllu go iawn mi fyddai'r awyr yn llawn o sŵn adar drycin Manaw yn dychwelyd i'w tyllau nythu ar ôl bod allan yn pysgota drwy'r dydd. Mae eu sŵn yn ddigon â dychryn rhywun y tro cyntaf fel rhywbeth allan o ffilm arswyd ac yn llenwi'r nos, ond buan y daw rhywun i arfer. Maen nhw'n adar rhyfeddol iawn sy'n mudo i Brasil bob blwyddyn cyn dod yn ôl i'r un twll nythu ar Ynys Enlli y flwyddyn wedyn, a dwi'n nabod pobl sy'n mynd ar goll ar faes Steddfod.

Ym 1988 pan oeddem yno roedd Gwynn wedi derbyn comisiwn gan y cylchgrawn *Cristion* i sgwennu cywydd i ddathlu cyhoeddi'r Beibl Cymraeg Newydd. Roedd yn amlwg ei fod yn meddwl am hyn ac am syniadau pan oeddem yn cerdded o gwmpas. Un min nos, a ninnau'n treulio ein swper ar 'carreg rhoi'r byd yn ei le' dyna fo'n gofyn am ein help hefo ambell i beth! Fasa waeth iddo fod wedi rhoi ei ben dan dŵr a gofyn i bysgodyn am help ddim.

'Meddyliwch am ansoddair unsill yn dechrau hefo 'n".

'Neis' oedd fy awgrym i ar unwaith. Ddwedais i na faswn i na Mici ddim help iddo, do.

'Ia, dim cweit be oedd gen i dan sylw chwaith, dim yn addas iawn i ddisgrifio eryr. Iawn ta, meddyliwch am rywbeth yn odli efo '-ol".

Roedd yr ateb yn amlwg doedd.

'Lol...trol...bol, dyna i ti dri yn barod.'

Ymhen dim dyma fo'n deud, a gwên ar ei wyneb.

'Fedra i ddim yn hawdd yrru cywydd i'r *Cristion* yn dechrau fel hyn na fedraf:

Canaf lond trol o foliant / I'r eryr neis o'r Wybrnant.'


Mi fydda i'n aml yn meddwl wrth gofio am y digwyddiad bach hwn be fasa golygydd y *Cristion* wedi ei ddweud tasa fo wedi derbyn cywydd yn dechrau fel'na gan y Prifardd Gwynn ap Gwilym. Mi fasa'n siŵr o feddwl ei fod wedi dechrau colli arno.

'Be' ydy 'nwyd' ta?' gofynnodd Mici.

'Wel, *passion* ydy hwnnw te ac mi fasa raid defnyddio 'nwydus', wedyn mi fasa raid newid enw'r lle i Wybr-nodi er mwyn cynganeddu a fasa fo ddim yn gweddu i fesur cywydd beth bynnag.'

Wedyn dyma fo'n tanio'r cwpled rhyfeddol hwn atom yn syth:

'Cannoedd o filoedd ddaeth i foli / Yr eryr nwydus o'r Wybr-nodi.'

Afraid dweud nad anfonwyd yr un o'r llinellau hyn at olygydd y *Cristion*.

Y flwyddyn honno hefyd, ryw wythnos cyn Eisteddfod Casnewydd, mi drodd y tywydd yn ofnadwy. Y drefn arferol oedd mynd i'r ynys ar ddydd Sadwrn a gadael ar y bore Sadwrn canlynol ond wrth gwrs roedd popeth yn dibynnu ar y tywydd. Ni ellid rhoi unrhyw sicrwydd y basa neb yn gallu croesi yno neu oddi yno. Roeddem wedi cael wythnos ddigon braf o ran tywydd o be dwi'n gofio ond erbyn diwedd yr wythnos roedd y tywydd wedi troi a gwynt a thonnau mawr wedi codi. Roedd y môr yn berwi ac fe ddaeth yn amlwg na fyddai neb yn gallu dod drosodd ar y bore Sadwrn pan oeddem ni i fod i adael.

Roedd rhai pobl oedd ar yr ynys wedi bod yn ddigon ffôl â bwyta bron bob dim oedd ganddyn nhw'n weddill ar y nos Wener cyn gadael ond mi fuom ni'n ddigon doeth i gadw ambell i beth rhag ofn. Mi oedd Mici wedi gwneud llond sosban fawr o gyri llysieuol fasa'n para i ni am ddiwrnodau tasa raid a gan fod modd prynu tatws ar yr ynys a hel rhyw fymryn o fadarch roeddem yn gallu ychwanegu at gynnwys y sosban yn ddyddiol. Mi oedd cyri a thatws yn gwneud swper digon da bob nos. A rhag ofn iddi fynd yn argyfwng go iawn roedd gennym un tun pei Fray Bentos yn y cwpwrdd bwyd jest rhag ofn.

Roeddem yn dal ar yr ynys y Sadwrn wedyn hefyd – wythnos union ers pan oeddem i fod i groesi a doedd dim arwydd ein bod am gael gadael. Erbyn hynny roedd y cyri yn dechrau mynd yn denau a dyfrllyd iawn ond roedd rhywun oedd yn byw yn y wylfa adar wedi saethu dwy gwningen i ni ac roedd y rheini'n rhostio yn y popty a ninnau'n paratoi am noson arall ar yr ynys pan glywsom sŵn hofrennydd yn dod yn nes ac yn nes. Aethom allan i weld beth oedd yn digwydd a gweld dau hofrennydd yn glanio yn y cae is lawr na Tŷ Nesa, lle'r oeddem yn aros.

Y peth nesa' welwyd oedd Twm Elias yn brasgamu i fyny o'r cae yn chwifio ei ddwylo a gweiddi ar bawb i hel eu pac cyn gynted â phosib – roedd yr RAF wedi dod i'n hachub. Cyn cael mynd ar yr hofrennydd roedd yn rhaid i ni wrando ar ddyn o'r awyrlu yn mynd drwy'r un truth ag y bydd teithwyr yn ei gael ar unrhyw awyren – beth i'w wneud tasa ni'n gorfod dod i lawr ar frys mewn argyfwng. Gallwn weld Gwynn yn mynd yn fwy a mwy nerfus ac roedd fel y galchen pan esboniodd y dyn beth oedd y drefn tasa ni'n gorfod glanio ar y môr – roedd yn rhaid aros yn eich sedd tan y byddai'r dŵr bron â chyrraedd eich gên cyn i chi lacio'r gwregys a nofio am y drws. Dwi'n siŵr y basa Gwynn wedi dewis aros am wythnos arall a byw ar ddŵr a phowdr cyri a thatws tasa fo wedi cael dewis ond mi gafodd ddigon o blwc o rywle i ofyn i'r dyn pwy oedd yn talu am hyn i gyd. Pan glywodd mai arian y frenhines oedd yn talu am ein cludo oddi ar yr ynys mi ddaeth mymryn o liw yn ôl i'w ruddiau.

Roedd byw ar lawer llai o fwyd nag yr oeddem wedi arfer ag o yn un peth – dim mwy o frecwastau llawn er enghraifft. Wrth lwc i ni bryd hynny, roedd Gwydion hynaws, gweithiwr stad Ynys Enlli, yn byw drws nesa' ac yn gwneud torth i ni i'n cadw i fynd. Ond roeddem yn gorfod byw heb G&T a gwin hefyd, ond gwaeth o lawer i'r tri ohonom oedd gorfod gwneud heb ffags! Daeth Gwydion i'r adwy eto a rhoi owns o faco pibell i ni a rhyw hanner paced o bapur Rizla. Fi oedd y rowliwr ac roeddem yn dogni'r sigaréts yn ofalus.

Mi wnaeth y baco bara lot hirach na'r Rizla ac fe ddaeth yn amlwg y byddai'n rhaid meddwl am ateb arall i'r broblem smocio. Ro'n i wedi clywed am garcharorion yn defnyddio tudalennau o'r Beibl i rowlio smôcs gan fod y papur yn denau ac roedd 'na Feibl ar y silff yn Tŷ Nesa. Cyn i neb ddechrau gweiddi 'Rhag eich cywilydd' rwy'n prysuro i ddweud mai rhyw un neu ddwy ddalen wag o du blaen a chefn y llyfr a ddefnyddiwyd. A gan fod Gwynn ap yn berson plwyf ar y pryd gofynnais iddo a fasa fo'n meindio tasa ni'n defnyddio'r papur i rowlio smôcs: ei ateb oedd:

'Dim o gwbl, gei di smocio Efengyl Ioan i gyd achos ma hi'n blydi rybish.'

Mi fues i'n mynd i Enlli am rai blynyddoedd ond dim ond dwywaith y daeth Gwynn efo ni. Fe ddaeth Dilwyn Morgan – neu Porc – efo ni sawl gwaith ac roedd yntau hefyd yn gwmni difyr tu hwnt. Un peth a'm synnodd am Dilwyn oedd bod arno ofn tywyllwch, sydd yn anodd credu am un a hwyliodd ar ei ben ei hun bach yr holl ffordd i'r Azores, a does unman mor dywyll â chanol y môr yn y nos er bod Ynys Enlli yn dod yn agos.

Er mor braf oedd bod ar Enlli wnes i ddim arfer yn llwyr â'r tŷ bach yng ngwaelod yr ardd – roedd hi'n ddigon drwg gorfod mynd iddo yn ystod y dydd gan ei fod mor dywyll ond wnes i erioed fentro iddo yn y nos. Roedd yn arferiad gennym i fynd â hen botel blastig efo ni i'r llofft rhag ofn y byddai angen pisiad ganol nos ac mi ddudon ni wrth Porc am y syniad gwych yma. Ond yn ddiarwybod iddo, mi aeth Mici a fi ati i ddoctora ei bot pi-pi fo drwy roi twll bach yn y gwaelod gan obeithio y basa'n ei ddefnyddio ganol nos. Ond wnaeth o ddim! Dim am ei fod yn medru dal ei ddŵr yn well na neb arall o reidrwydd ond dwi'n meddwl ei fod wedi deall yn iawn beth oedd ein tric dan-din ni.

Er nad oedd teledu o gwbl yno roedd Mici yn dod â radio hefo fo er mwyn cael mymryn o newyddion o bryd i'w gilydd. Digon gwael oedd derbyniad Radio Cymru yno bryd hynny – gwaeth nag ydy o mewn rhannau o Gymru hyd yn oed, felly gorsafoedd radio Iwerddon oedd yn ein cyrraedd orau. Un tro pan oeddem ni yno roedd un o wenoliaid gofod yr UDA wedi cael ei lansio i fynd o amgylch y byd. Clywsom ar radio o ochrau Dulyn y basa modd ei gweld tua 11.00 y noson honno ac eto ymhen llai nag awr wedyn a gan ei bod yn noson glir fasa 'na ddim trafferth ei gweld yn blaen. Dywedwyd wrth y gwrandawyr edrych am rywbeth llachar iawn oedd yn ymddangos i fod yn uwch na'r sêr bron ac yn symud ar gyflymder aruthrol, a rhywbeth oedd yn wahanol iawn i seren wib. Roedd Colin Evans, cychwr Enlli erbyn hyn, wedi ymuno â ni yn Nant y noson honno a chyn 11.00 dyma'r pedwar ohonom allan i'r ardd ffrynt. Daeth y wennol heibio yn union fel y disgrifiodd y darlledwr o Ddulyn ac fe ddaeth eto lai nag awr wedyn ychydig yn bellach i'r gogledd.

Gofynnodd Mici, mewn syndod a rhyfeddod, 'Pam bod hi mor llachar?'

Porc oedd yr un wnaeth gynnig ateb gan ddweud mai adlewyrchiad yr haul neu'r lleuad neu rywbeth oedd o fwy na thebyg.

'O!' meddai Mici, 'o'n i'n meddwl ella bod nhw jest wedi gadael y cyrtans ar agor i ni gael eu gweld nhw!'

# Mi Ganaf Gân

Dwi'n mynd yn hen,
dwi'n mynd yn hen mae'r byd yn newid
wyt ti'n fy nghofio i,
ro'n i'n dy garu di ond rwyf wedi newid
dwi ddim yn cerdded mor syth
dyw ngwallt i'm mor hir
ac mae'r dillad oedd gennyf wedi mynd

ond pan mae'r haul ar dân
mi ganaf gân am y dyddiau cynnar
mi ganaf gân i ddod â'r amser nôl
mi ganaf gân am ddyddiau roc a rôl
mi ganaf gân i werthu 'nghalon i i ti

Dwi'n cofio Blue Suede Shoes
a Singing the Blues ac Elvis yn frenin
doedd dim yn well gen i
na gwrando ar Jerry Lee a ti wrth f'ymyl
ond aethost i ffwrdd
heb adael gair
dim ond record Neil Sedaka ar dy ôl

Lai la lai
ro'n i'n dy garu di yn nyddiau roc 'n rôl
ac os cana i gân neu ddwy i ti efallai y doi di'n ôl

*Lyn a fi efo Ronnie Drew o'r Dubliners*

Mae nhrowsus tynn
wedi mynd i'r bin mae'n rhy fach i mi bellach
a fy sgidia crepe soles
yn y jymbl sêl ac rwyf innau'n gallach
yr unig beth amdana i oedd yn apelio atat ti
oedd y ffordd yr oeddwn i yn gwneud y jeif

Sgwennais i'r rhan fwyaf o'r gân yma wrth gerdded o Landochau lle'r oeddwn i'n byw ar y pryd i Ysgol St Cyres ym Mhenarth pan oeddwn i'n athro Cymraeg a hanes yno (yr athro Cymraeg salaf erioed gyda llaw). Mi wnes i landio fel athro ym Mhenarth ar ôl cyfnod o fyw yn Aberystwyth ar ôl gadael coleg Bangor. Ar ôl graddio ym

1972 mi wnes innau, fel cannoedd o fyfyrwyr eraill o fy mlaen, ddilyn cwrs ymarfer dysgu er mwyn cael blwyddyn arall yn y coleg heb arholiadau a heb ormod o waith yn fwy nag oherwydd unrhyw awydd i fynd yn athro.

Ond *Mi Ganaf Gân* hefyd oedd yr enw ar noson a gynhaliwyd yn Eisteddfod Genedlaethol 1999 yn Llanbedrgoch. Noson oedd hon o artistiaid amrywiol yn canu fy nghaneuon i, a fi oedd yn gyfrifol am ddewis pwy i ganu a rhoi rhywfaint o drefn ar y noson. Roedd yn amlwg mai pobl oedd wedi recordio fy nghaneuon fyddai'n cymryd rhan ac mi ofynnais i Tudur Morgan fod yn gyfrifol am drefnu band i gyfeilio i'r rhan fwyaf o'r artistiaid; wedi'r cyfan, fo oedd wedi cynhyrchu nifer o'r caneuon ar record beth bynnag. I gwblhau'r cysylltiad â Llangefni gofynnwyd i Hywel Gwynfryn fod yn arweinydd ar y noson.

Yr artistiaid a ddewisais oedd Mynediad am Ddim, John ac Alun, Iona ac Andy, Bryn Fôn a'r Band a Linda Griffiths. Chwarae teg i Linda am fentro i wneud achos roedd wedi colli ei thad ychydig cyn y Steddfod ac roedd amheuaeth y basa hi'n gallu wynebu'r fath orchwyl – ond mi wnaeth, a gwneud hynny yn ei dull dihafal ei hun. Fel rhyw fath o ddiweddglo meddyliais y basa'n dda cael pawb ar y llwyfan i ganu *Ceidwad y Goleudy* gyda Bryn, Robin (Mynediad am Ddim) a John (John ac Alun) yn canu pennill yr un a phawb i ymuno yn y cytgan.

Ro'n i'n reit bryderus am y noson ar y dechrau – a fasa'r artistiaid a band Tudur Morgan yn cael digon o gyfle i ymarfer? Y broblem efo cyngherddau gyda'r nos yn y Pafiliwn ydy nad oes amser i ymarfer yn iawn yn y lleoliad yn ystod y dydd oherwydd y cystadlu, dim tan ddiwedd y prynhawn. Ro'n i'n gweithio i'r Eisteddfod ar y pryd ac yn dal wrth fy ngwaith pan glywais i bawb yn ymarfer *Ceidwad y Goleudy* ar yr uwch-seinyddion o gwmpas y maes ar ôl i'r cystadlu ddod i ben, ac roedd yn swnio'n reit dda (o bell beth bynnag) a dyna pryd y dechreuais feddwl y gallai'r noson fod yn llwyddiant.

Ac mi oedd y noson yn llwyddiant, diolch byth, a'r pafiliwn yn llawn. Cefais ddau syrpreis neis iawn yn ystod y noson. Y cyntaf oedd fideo gan y Tebot Piws o gân a ysgrifennwyd yn benodol ar fy nghyfer gan Sbardun a Pws. *Llanc ifanc a'i sbectol ar dân* oedd enw'r gân ac roedd yn sôn am yr adegau pan nad oeddwn i'n troi i fyny i nosweithiau'r Tebot. Yn y fideo o'r hogia'n canu'r gân, yn y cytgan oedd yn deud 'roedd 'na dri ar y llwyfan lle'r oedd pedwar i fod', roedd *cut-out* hardbord ohonof fi (talach na fi) yn ymddangos y tu ôl i'r hogia. Roedd y gynulleidfa yn ei dybla wrth gwrs ac roedd yn gychwyn gwych i'r noson. Gyda llaw, mae'r *cut-out* yn dal gen i ond dwi wedi gorfod ei symud i'r atig achos roedd o'n fy nychryn bob tro yr oeddwn yn dod adre gyda'r nos a heb gofio ei fod yno.

Dylwn fod wedi disgwyl i rabscaliwns y Tebot wneud rhywbeth ond pan ddechreuodd Hywel siarad am y Dubliners a phan gerddodd Ronnie Drew, un o sylfaenwyr y grŵp rhyfeddol hwnnw o Ddulyn, ymlaen ar y llwyfan a dweud 'Shwmâi Ems' yn y llais cras enwog 'na fedrwn i ddweud dim. Roedd y Dubliners wedi bod yn arwyr mawr i mi ers fy arddegau a dyna lle'r oedd y Dubliner enwocaf oll o bosib yn fy nghyfarch oddi ar lwyfan yn Llanbedrgoch. Tudur Morgan, chwarae teg iddo, wnaeth drefnu'r syrpreis hyfryd yma.

Yn sgil y noson hon a'r ffaith fod y BBC wedi recordio'r cyngerdd mi gefais gyfle i fynd i America am y tro cyntaf i baratoi deunydd ar gyfer rhaglen, unwaith eto dan y teitl *Mi Ganaf Gân*. Mae'n amlwg fod gan y cyfryngau fwy o bres y dyddiau hynny.

Roeddwn wedi dyheu am fynd i America ers tro ond heb gael cyfle. Yr esgus dros fynd oedd cael mynd i ymweld â chartref Elvis yn Graceland a Sun Studios ac yna mynd i Nashville gan fod Elvis a Nashville wedi bod yn ysbrydoliaeth ac yn ddylanwadau mawr arnaf. Ond nid gwyliau oedd y trip hwn yn anffodus ac roedd yn rhaid gwibio o le i le yn ffilmio a chyfweld pobl ac ati. Cawsom gyfle i ymweld â'r tŷ bychan lle cafodd Elvis ei eni yn Tupelo, Mississippi a siarad â rhywun oedd yn adnabod y teulu ac yn cofio Elvis yn hogyn bach, ac aethom i'r siop lle y prynodd mam Elvis ei gitâr gyntaf iddo a siarad â rhywun fu yn yr ysgol efo fo. Roedd y ddau yn cadarnhau mai boi cyffredin a boneddigaidd iawn oedd Elvis, a braf iawn oedd clywed hynny.

Un o'r mannau rhyfeddaf yr ymwelon ni ag o ym Memphis oedd siop A. Schwab ar Beale St – siop oedd yn gwerthu pob math o bethau, rhai ohonynt yn ddefnyddiol ac eraill yn sothach llwyr ond yn ddoniol a hynod iawn. Ar un wal roedd pâr anferth o ddyngarîs yn hongian, rhywbeth fasa'n ffitio rhywun oedd yn 60 modfedd rownd ei ganol; roedd y rhain yn destun difyrrwch ar y pryd ond mae'n siŵr bod galw cynyddol am rywbeth o'r maint yma erbyn hyn yn anffodus. Prynais anrheg yma i Glyn fy ffrind – rhywbeth a elwid yn *hillbilly calculator*, sef troed dde a chwith wedi'u cerfio o bren a rhifau 1-10 wedi'u sgwennu ar bob gewin. Arwyddair y siop oedd 'If you can't find it at A. Schwab, you're probably better off without it!' ac mae hynny'n dweud y cwbl am y lle.

Hedfan i Nashville wedyn ac ymweld â'r Ryman Auditorium a chael sefyll ar yr un llwyfan yr oedd Hank Williams wedi sefyll arno – a channoedd o sêr eraill wrth gwrs, nifer ohonyn nhw'n arwyr oes i mi fel Johnny Cash. Roeddem yn Nashville ar nos Sadwrn ac roedd cerdded i fyny ac i lawr Broadway a galw i mewn yn y bariau, gan gynnwys yr enwog Tootsies Orchid Lounge, yn agoriad llygaid. Roedd rhyw fath o gerddoriaeth fyw i'w glywed yn y rhan fwyaf o fariau a hynny'n rhad ac am ddim. Bob hyn a hyn mi fyddai gwydr neu bwced yn cael eu pasio o amgylch i bobl dalu faint bynnag yr oeddent yn ddewis. Mi fasa'n braf iawn tasa rhai o dafarndai trefi mwyaf Cymru yn gwneud mwy o ymdrech i gael cerddoriaeth fyw, a cherddoriaeth Gymraeg neu Gymreig, o bryd i'w gilydd. Hawdd oedd gweld pam fod pobl yn galw Nashville yn Music City.

Roedd y wibdaith fer yna wedi codi awydd arnaf i weld mwy ar America, ac fe ddaeth cyfle union ddeng mlynedd wedyn. Sbardun gododd y syniad i ddechrau ar ôl darllen un o'r hysbysebion a welir yn aml mewn papurau dydd Sul. Hysbyseb oedd hwn gan gwmni Great Railway Journeys yn cynnig trip o dair wythnos ar draws America mewn gwahanol drenau. Roedd y ddau ohonom wedi mopio efo trenau yn enwedig y rhai mawr Amtrak oedd i'w cael yn America efo enwau hudolus fel *California Zephyr* a *Texas Eagle* (llawer mwy rhamantus nag Arriva Trains Wales, a lot glanach), ac roedd y demtasiwn yn ormod ac mi drefnon ni i fynd ym mis Mai 2009. Roedd y ddau ohonom yn rhai da iawn am siarad am dripiau trên ond yn well am eistedd ar ein tinau yn gwneud dim am y peth, ond roedd y ddau ohonom mewn sefyllfa ddelfrydol bryd hynny i fynd amdani go iawn. A chwarae teg i Gwenno, gwraig Sbard, am ein hannog, achos er nad oedd taith o'r fath yn apelio ati hi o gwbl, mi wyddai cymaint yr oedd Sbard yn dyheu am fynd. Gwibdaith oedd hon hefyd mewn ffordd, cyfle i gael cipolwg ar rai o brif ryfeddodau'r wlad heb dreulio mwy na thri neu bedwar diwrnod yn yr un lle.

Y lle cyntaf yr oedd yn rhaid ymweld ag o oedd Greenwich Village wrth gwrs er mwyn cael troedio'r strydoedd yr oedd Bob Dylan wedi eu cerdded yn y 1960au pan ddaeth i Efrog Newydd am y tro cyntaf. Yma, ar Jones St y tynnwyd y llun sydd ar glawr *The Freewheelin' Bob Dylan* ac wrth gwrs roedd yn rhaid i'r ddau ohonom gael tynnu ein lluniau ar y stryd honno mewn ystum tebyg i un Bob ar glawr y record.

Y cyfle cyntaf i fynd ar drên ar ôl treulio dyddiau yn Efrog Newydd oedd i lawr i Washington DC. Gan mai amser byr oeddem ni'n ei gael ym mhob man roedd yn rhaid trio gwneud y mwyaf o'r cyfle a gweld cymaint â phosib. Roedd hyn yn golygu codi'n gynnar a chychwyn allan ar ôl brecwast Americanaidd mawr, hyfryd. O ganlyniad roedd y ddau hen ŵr yn reit flinedig erbyn ganol pnawn ac yn tueddu i fynd am nap. Yn y Phoenix, ar bwys yr orsaf, yr oeddem yn aros yn Washington ac yn rhan o'r gwesty roedd tafarn Wyddelig. Roedd y tywydd reit boeth ac ar ôl oriau o drampio, yn lle cael nap penderfynais gael peint o Stella oer neis ar fy mhen fy hun ym mar y gwesty. Fel yr oeddwn yn ei fwynhau daeth llais hyfryd Julie Murphy ar system sain y dafarn. Yn anffodus, nid oedd neb efo fi i rannu'r profiad rhyfedd hwn o yfed cwrw o wlad Belg mewn tafarn Wyddelig yn Washington DC yn gwrando ar gân Gymraeg.

Siwrnai gymharol fer oedd yr un i Washington ond ar ôl rhai dyddiau yno daeth cyfle go iawn i dreulio oriau ar drên gan i ni deithio dros nos i Chicago gan ddilyn afon Potomac am beth o'r daith. Roedd dilyn yr afon drwy goedwig enfawr a gweld pobl yn gwersylla ar lan yr afon ac yn canŵio yn fy atgoffa o'r ffilm *Deliverance*. Gan fod Sbard a fi'n teithio fel teithwyr sengl roeddem yn cael caban bach pwrpasol i un ar lawr gwaelod y trên ac roedd y rhai oedd ar y llawr uchaf, y cyplau, yn dweud ein bod yn lwcus gan fod y trên yn eithaf sigledig iddyn nhw, yn enwedig pan oeddent yn eu gwlâu bync gyda'r nos.

Mi fasa rhestru'r mannau yr ymwelwyd â nhw yn ystod y daith fel gorfodi rhywun i eistedd i weld sleidiau gwyliau ffrindiau ac yn ddiflas iawn i bawb ond yr un a fu ar y daith, felly dim ond rhai atgofion dwi am sôn amdanynt, a fydd 'na ddim disgrifiadau byw a blodeuog o olygfeydd ysblennydd America chwaith.

Roedd y daith yn para am dair wythnos ac yn mynd â ni drwy ryw 14 talaith i gyd. Mi gawsom ni gyfle i weld y Grand Canyon a hedfan drosto mewn awyren fechan, cyfle hefyd i weld Monument Valley yn Utah a dyna yn sicr un o'r uchafbwyntiau i mi fel rhywun sydd wrth ei fodd efo ffilmiau cowbois. Mae'r ardal i'w gweld yn amlwg yn ffilmiau John Ford a John Wayne, ac mae'r bryncynnau neu *buttes* yn symbolau o'r gorllewin gwyllt i lawer.

Cafwyd taith ar drên stêm nodweddiadol o America'r gorllewin gwyllt ar lein fach rhwng Silverton a Durango drwy geunant cul lle'r oedd y lein ar adegau yn eithriadol o uchel uwchben yr afon islaw ar silff ddigon cul – ar y trên bach yma y ffilmiwyd rhannau o *Night Passage* gyda James Stewart. Fel yr awgryma'r enw, lle mwyngloddio arian oedd Silverton ar un adeg ac roedd rhannau o'r dref yn dal heb newid ers y dyddiau gwyllt hynny. Pen y daith hon oedd Durango oedd unwaith eto yn mynd â Sbard a fi yn ôl i ddyddiau ein hieuenctid pell yn gwylio ffilmiau cowbois yn y Coliseum yn Port a'r Arcadia yn Llangefni.

Rhywle arall y gwirionodd y ddau ohonom arno oedd lle o'r enw Jerome yn Arizona. Rhyw dref fach ar ochr bryn oedd hon oedd yno oherwydd mwyngloddio copr ar un adeg ond ym mlynyddoedd cynnar y ganrif ddiwethaf roedd cryn dipyn o ymsuddiant ac roedd nifer o adeiladau'r dref wedi dymchwel a dim ond cragen neu adfeilion sydd ar ôl. Pan ddaeth y mwyngloddio i ben aeth y boblogaeth i lawr i tua 100 ond yn lle gadael i'r dref ddiflannu'n llwyr a mynd yn *ghost town* daeth artistiaid a chrefftwyr yno ac yn raddol daeth Jerome yn atyniad i dwristiaid. Roedd awyrgylch bohemaidd a hynod braf yno ac mi fydd yn aros yn hir yn y cof.

Roedd maint y prydau bwyd yn America yn ein rhyfeddu, ac yn codi pwys braidd ar fwytäwr bach fel fi, ond dyna'r drefn yno yn amlwg – llwyth o fwyd ar y plât a chynnig i fynd â beth oedd yn weddill i ffwrdd mewn bocs. Peth arall oedd yn peri hwyl oedd y ffaith bod y gweinyddion yn teimlo rheidrwydd i berfformio wrth ddisgrifio beth oedd ar y fwydlen. Roedd yr arfer o roi cildwrn am bob gwasanaeth hefyd yn rhywbeth oedd yn ddiarth i ni oedd wedi arfer gadael arian ar ôl talu bil mewn bwyty efallai neu drip mewn tacsi ond dim am *bob* diod oedd rhywun yn ei gael mewn bar. Daeth un weinyddes atom mewn lle bach digon di-nod yn Long Beach a gofyn a oeddem wedi penderfynu ar ein dewis o fwyd, a phan ddwedom ni wrthym ein bod mi gawsom gymeradwyaeth ganddi.

Ond y gweinydd a achosodd y mwyaf o sbort i ni oedd un mewn bwyty Eidalaidd yn Denver. Roedd yn llithro rownd y bwyty fel tasa fo ar olwynion ac yn rhestru popeth ar y fwydlen fel tasa fo'n cael clyweliad am ran yn Hollywood. Pan oeddem wedi bwyta llond ein boliau a hanner y pryd yn dal ar ôl dyma fo'n sleifio i fyny atom a dweud, 'Have you two gentlemen finished or are we talking a box?' Mi fuom ni'n defnyddio'r frawddeg yma am weddill y daith wedyn. Un noson mewn bar yn Grand Junction, a ninnau wedi gorffen bwyta a'r bwrdd wedi cael ei glirio, roedd un tshipsan fach unig yn dal ar ôl ar y bwrdd. Edrychais ar Sbard a'i herio i ofyn a fyddai modd cael y tshipsan i fynd efo ni mewn bocs matsis.

Daeth y daith i ben yn San Francisco. Un prynhawn roeddem yn trio croesi'r lôn heb fawr o lwc ac mae'n rhaid bod golwg eithaf petrus arnom pan ddywedodd dyn oedd yn aros am un o'r tramiau wrthym jest am groesi pan oedd cyfle heb aros am unrhyw olau. Roedd o'n iawn, ac mi groeson ni'r lôn ond yna sylweddoli nad y ffordd honno yr oeddem am fynd felly dyma groesi'n ôl.

'You made it then,' meddai ein cyfaill newydd.

'Yes,' meddwn i, 'and back again.'

'Where are you guys from anyway?' holodd.

'Wales.'

'A! Plaid Cymru,' meddai.

Daethom i ddeall bod nain yr hen gyfaill yn dod o Benrhyn Gŵyr a'i fod yn dysgu Cymraeg ar y we. Tasa ni wedi bod yn mynd y ffordd iawn fasa'r sgwrs fach yna erioed wedi digwydd. Byd bach.

# Dagrau Hallt

Sut na fedrais rioed esbonio
do'n i ddim am fynd rhy bell
'mond dilyn sŵn y lôn am chydig
gan wybod nad oedd unman gwell

Pam na fedrwn ddangos iddi
bod fy ngwreiddia i yn dynn
wrth ei hochor yn y bryniau
doedd gen i ddim bwriad mynd

Ond fory fyddai'n mynd am Shetland
i'r gogledd pell o Aberdeen
bwthyn bach yn sŵn y tonnau
dim ond fi a fi fy hun

Roedd y dydd yn addo cymaint
fedra i ddim dechra dallt
sut y boddwyd cariad cynnes
dan donnau môr o ddagrau hallt

Ar y dechrau yn ein dwylo
roedd 'na fyd o gariad pur
ond bellach does 'na ddim byd rhyngom
dim ond môr o ddagrau sur

Mae pawb yn cynnal breuddwyd weithiau
am ddechrau newydd, newid byd
ond gwelwn pan fo pethau'n chwalu
mai dim ond breuddwyd oedd o i gyd

*Billy, Ifan Defi, Giorgos, Lyn a fi yn Agistri*

Fory fyddai'n mynd am Shetland
hwylio draw o Aberdeen
bwthyn bach yn sŵn y tonnau
dim ond fi a fi fy hun

Roedd Shetland wedi fy nenu ers dechrau'r 1970au deud
y gwir. Pan oeddwn i'n gweithio yn llyfrgell y dref yn
Aberystwyth ro'n i wedi darllen llyfr o'r enw *Unst, my
Island Home and its Story* gan Charles Sandison ac roedd y
syniad o fynd i rywle mor anghysbell yn apelio'n fawr.
Ond breuddwyd yn unig oedd cael ymweld â'r lle tan ganol
1995. A rhyw ddigwydd heb unrhyw gynllunio mawr
ymlaen llaw wnaeth y cyfan.

Penderfynodd Mici Plwm a fi fynd i Aberdeen am benwythnos hir gan ei fod o wedi llwyddo i gael rhyw docynnau trên rhad iawn drwy gasglu tocynnau wythnosol o'r *Sunday Times*. Gwyddwn fod Shetland yn eithaf pell o Aberdeen ond yn fy naïfrwydd ro'n i dan yr argraff y byddai cychod rheolaidd yn mynd yn ôl ac ymlaen ac y byddai cyfle i bicio draw am ryw awr neu ddwy! Ond wedi edrych yn fanylach gwelais mai dim ond un cwch y dydd sy'n croesi – yn cychwyn fin nos ac yn cyrraedd am tua 7.30 y bore wedyn; tua deuddeg awr o fordaith a hynny mewn tywydd ffafriol. Fyddai dim digon o amser i ni fynd draw ond chwarae teg i Mici, mi aeth ati i drefnu dwy sedd ar awyren o Aberdeen i Sumburgh.

Ond yn gyntaf, roedd yn rhaid aros noson yn Aberdeen a phan aethom ati i chwilio am westy roedd pob man yn llawn gan fod rhyw *expo* neu rywbeth o'r fath yn gysylltiedig â'r diwydiant olew yn cael ei gynnal ond llwyddwyd i gael stafell reit ddrud ar ôl peth amser. Roedd rhyw hen awyrgylch digon bygythiol yn y dre efo'r holl weithwyr olew ar hyd y lle a dychrynodd y ddau ohonom pan aethom allan am damaid o fwyd a pheint. Y tu allan i ddrws ffrynt y gwesty, ar hyd un wal a rownd y gornel, roedd rhes enfawr o hŵrs yn chwilio am fusnes. Cadw ein pres, a phopeth arall, yn saff yn ein trowsus wnaethom ni.

Mi fydd y daith gyntaf ar dir mawr Shetland yn aros yn hir yn y cof. Ar ôl llogi car yn y maes awyr yn Sumburgh, sydd reit ar waelod y brif ynys, aethom yn syth i fyny, 70 milltir ballu, i ynys Yell ac yna i ynys Unst, yr ynys fwyaf gogleddol. Mae Unst yn ymfalchïo mai hi ydy'r darn tir mwyaf gogleddol yn holl ynysoedd Prydain lle mae rhywun yn byw ac mi welir arwyddion megis 'Britain's most northerly hotel/ church/ barber shop/ house' ac yn y blaen, ac os byddai Mici neu fi'n gorfod gwneud dŵr yn un o dai bach cyhoeddus niferus iawn Unst mi fyddem yn cellwair mai ni, ar yr eiliad honno, fyddai piswr mwyaf gogleddol Prydain.

Rhyw dridiau ar y mwyaf y buom ni yno ar y daith gynta honno ond fe welsom yn syth lle mor arbennig ydy o ac roedd y ddau ohonom wedi gwirioni. Yn ystod y tridiau hynny fe welsom hefyd pa mor gyfnewidiol yw'r tywydd yno. Roedd fel diwrnod o wanwyn pan aethom i fyny i Unst ond wedyn pan godais i yn gynnar i fynd i'r tŷ bach roedd y chalet pren lle'r oeddem yn cysgu yn crynu ac mi faswn wedi tyngu bod trên chwech yn pasio tan i mi gofio nad oes trenau ar yr ynysoedd o gwbl. Mae agwedd yr ynyswyr at y tywydd garw yn rhywbeth i'w edmygu. Cofiaf alw mewn siop un bore glawog, gwyntog, a'r cyfan ddywedodd y ddynes y tu ôl i'r cownter wrthyf oedd, 'Not much of a day.' Dim cwyno, dim ond derbyn y gallai fod yn well.

Ar ôl yr ymweliad cyntaf hwnnw roedd y ddau ohonom wedi ein hudo gan y lle ac mi fuom yn mynd yno bob blwyddyn tan 2011. Aethom yno ddwywaith un flwyddyn am ryw reswm. Ymhen amser roeddem wedi setlo ar ein trefn arferol o ddal trên i Aberdeen ac yna deithio dros nos ar y cwch a chael caban yn hytrach na thrio cysgu ar seddi. Cawsom ambell fordaith arw iawn a chyrraedd Aberdeen yn hwyr ar y ffordd yn ôl fwy nag unwaith ond clywsom straeon erchyll am rai mordeithiau lle'r oedd y cwch hyd at ddiwrnod yn hwyr yn cyrraedd pen y daith. Roedd wynebu tywydd garw yn risg yr oeddem yn fodlon ei chymryd gan ei bod yn llawer gwell gennym fynd yno yn yr hydref pan fyddai fawr ddim ymwelwyr eraill hyd y lle. Wrth gwrs, mae hi'n tywyllu'n gynnar iawn yno yn y gaeaf tra nad ydy hi'n tywyllu'n iawn o gwbl yn yr haf, rhywbeth a elwir ganddynt yn Simmer Dim.

Ond pan oedd y tywydd yn ffafriol roedd yn siwrnai hyfryd ac ar ôl cyrraedd Lerwick am 7.30 yn y bore doedd dim rhaid i ni fynd oddi ar y cwch tan tua 9.30, ac roedd brecwast yn cael ei baratoi tan hynny. Gwaraidd iawn. Mi fyddai Mici wedi llogi car erbyn i ni gyrraedd ac ar ôl brecwast ar y cwch i ffwrdd â ni a dilyn ein trwynau am 4-5 diwrnod ond gwneud yn siŵr ein bod yn aros yn Lerwick ar y dydd Sul er mwyn cael clamp o ginio Sul Aberdeen Angus yng ngwesty'r Grand. Doedd byth unrhyw drefn i'r diwrnod i ni, dim ond cychwyn o'r llety ar ôl brecwast cynnar a mynd i lawr ba bynnag lôn gul oedd yn cymryd ein ffansi. Mae'n siŵr ein bod wedi bod ar hyd pob lôn fach a mawr ar y brif ynys, a Yell ac Unst.

Yn ystod ein taith gyntaf daethom ar draws Cymro o'r enw Peter Williams oedd wedi bod yn byw yn Shetland ers blynyddoedd maith. Un o Ddyffryn Nantlle ydy Peter a mynd yno i weithio fel bugail wnaeth i ddechrau os cofia i'n iawn ond erbyn i ni ddod i'w adnabod roedd galw mawr am ei wasanaeth mewn sawl maes gan ei fod yn gallu troi ei law at unrhyw beth bron. Ar un adeg roedd hyd yn oed wedi bod yn torri beddi a dreifio hers. Roedd Peter wedi ymddangos yn weddol aml ar newyddion Cymru pan aeth tancer olew yr *MV Braer* ar y creigiau yn Shetland ym 1993 ac roedd Mici'n weddol gyfarwydd â fo oherwydd hynny. Daethom ar ei draws ar ein hymweliad cyntaf yng ngwesty St Magnus yn Hillswick, a dwi'n meddwl ei fod wedi cael dipyn o sioc pan gerddodd i mewn a chlywed rhywun yn ei gyfarch yn Gymraeg, ond wedi hynny mi fyddem yn siŵr o aros noson neu ddwy yn y gwesty hwnnw a chael cwmni difyr Peter dros beint gyda'r nos a chael rhannu rhywfaint o'i brofiadau o fyw yn Shetland.

Ond mae un ynys fach arall sydd wedi fy nenu ers dechrau'r 1990au sef Agistri, ynys fach iawn rhyw awr o daith o borthladd Piraeus yng ngwlad Groeg. Ychydig dros 1,000 ydy poblogaeth yr ynys yn y gaeaf ond mae'n cynyddu yn yr haf wrth gwrs, yn enwedig ar benwythnosau pan fo trigolion Piraeus ac Athens yn heidio yno o ddydd Gwener tan nos Sul. Rhyw daro ar y lle drwy hap a damwain wnaethom ni. Roeddwn i wedi bod yn canmol gwlad Groeg a'i phobl ond ar ôl gwyliau digon cyffredin mewn rhan swnllyd tu hwnt o ynys Cos roedd Groeg yn y *last chance saloon* i Lyn, Jên ac Ifan Defi.

Un o ffrindiau pennaf Lyn a Jên yn Aberystwyth oedd Ifan Defi ac fe ddaeth yn ffrind da iawn i minnau dros yr holl flynyddoedd o fynd ar wyliau efo'n gilydd. Rhannais ystafelloedd â fo yn Agistri, Sbaen, Mallorca a Thiwnisia ac roedd bob amser yn ŵr bonheddig a hollol anhunanol yn ogystal â bod yn gwmni difyr ar y naw dros beint neu wydriad o win gyda'r nos. Welais i erioed neb yn cael ei adnabod dan gymaint o wahanol enwau. Ei enw bedydd oedd Evan David Evans ac, yng Ngheredigion, aeth hynny'n ddigon naturiol yn Ifan Defi, ond roedd rhai yn ei alw'n Ieu hefyd. Ac ar Agistri roedd yn cael ei adnabod yn gyffredinol gan ein ffrindiau Groegaidd fel Kastis (neu *dikastis*) sef Y Barnwr. Cafodd ei enwi'n Kastis ganddynt am ei fod yn Ynad Heddwch yn Aberystwyth. Roedd y ffaith honno wedi achosi cryn hwyl i'r Groegwyr gan fod Ifan Defi yn yfed fel rhywun fasa'n fwy tebygol o darfu ar yr heddwch na'i gadw.

Er ei fod yn beldroediwr medrus a deheuig iawn roedd ei gerddediad arferol yn lletchwith braidd yn enwedig pan fyddai ei draed mewn sandalau mawr trymion yr olwg. Byddai Lyn yn meddwl ei fod yn cerdded fel camel efo'i goesau hirion ac mae hynny'n rhoi syniad eithaf da o'i gerddediad. Ac roedd yn ansicr iawn ar ei draed hefyd pan fyddai wedi cael gormod o win. Un o'r golygfeydd a erys yn y cof tra bydda i yw'r un o Ifan Defi ac Andreas (perchennog ein lleety a ffrind da erbyn hyn) yn dawnsio dawns Zorba ar y lôn o flaen y gwesty ac wrth i'r miwsig gyflymu roedd traed sandalog Ifan Defi yn cyflymu hefyd ac yn mynd i bob cyfeiriad ond y cyfeiriad iawn. Mi fasa'n hawdd bod wedi ychwanegu Billy Whizz at ei restr o enwau ond ei fod yn llai gosgeiddig.

Mae nifer o ffrindiau da eraill wedi ymuno â ni ar yr ynys ar adegau, llawer gormod erbyn hyn i'w rhestru, a thros y blynyddoedd hefyd rydym wedi gwneud ffrindiau da iawn ymysg yr ynyswyr eu hunain yn ogystal â'r rhai sy'n dod yno ar eu gwyliau'r un amser bob blwyddyn. Dywedir mai bachyn ydy ystyr Agistri a'i bod yn bachu pobl i ddychwelyd flwyddyn ar ôl blwyddyn ac mae hynny'n sicr yn wir amdanom ni gan ein bod wedi bod yn mynd yn ôl yno ers dros chwarter canrif, ac yn aros yn yr un lle bob tro efo Andreas a'i deulu hyfryd. Yn anffodus, mae llawer gormod o'r ffrindiau hyn wedi'n gadael erbyn hyn a bu farw Ifan Defi ei hun yn 65 oed yn 2008 ond mae ei enw'n dal yn fyw ar yr ynys ac mi fydd Andreas yn codi gwydr ac yn dweud 'Iechyd Da Kastis' bob nos.

Pan fyddwn yn archebu ein bwthyn ar gyfer y flwyddyn ganlynol bydd Maria, merch Andreas, yn sgwennu 'Iechyd Da', yn iaith Groeg, ar draws y dyddiadau perthnasol ac mi fydd Andreas yn cyfarch pawb sy'n dod i'w fwyty ar y to pan fyddwn ni yno gyda bloedd o Iechyd Da – Groegwyr, Saeson, Ffrancwyr, pobl o'r Ffindir, Slofenia a Sweden neu ble bynnag, dim gwahaniaeth. Mae Iechyd Da gyfystyr â Chymry i Andreas ac mae croeso mawr i unrhyw Iechyd Da arall ganddo.

Rydym wedi cael cymaint o nosweithiau da wrth gwrs dros y blynyddoedd, ond maen nhw'n tueddu i lifo i mewn i'w gilydd yn y cof ac mae'n amhosib dweud yn union pryd ddigwyddodd beth. Ond mae'n hawdd dyddio un noson gan ei bod yr un flwyddyn ag yr oedd y Gemau Olympaidd yn Athen, sef 2004. Yn ôl ein trefn nosweithiol arferol roeddem wedi cael ein swper yn y bwyty ar y to yng ngwesty Andreas sydd, oherwydd ei leoliad, yn un o'r llefydd mwyaf poblogaidd yn y pentref, ar yr ynys yn wir, oherwydd y golygfeydd dros y dŵr i ynys Aegina. Mae'r awyrgylch yno yn crisialu popeth sy'n dda am wlad Groeg, y nosweithiau cynnes, y chwerthin, y miwsig a sŵn y sicadas. Weithiau byddwn yn eistedd wrth y bwrdd am amser yn sipian gwin ond y noson honno penderfynwyd mynd i lawr y grisiau i far Giorgos, mab Andreas.

Doedd fawr o neb yno ar wahân i Lyn a Jên, Ifan Defi, Giorgos a fi. Ond y flwyddyn honno hefyd roedd cymeriad arbennig iawn o'r enw Billy o ochrau Newcastle, oedd â nain o Gaernarfon, wedi dod am wyliau efo'i wraig. Roedd gan Billy ac Ifan Defi ddau beth amlwg yn gyffredin sef eu hoffter mawr o gwrw a'r ffaith eu bod yn smocio sigârs. Ond roedd Billy wedi dweud wrthym ei fod o'n gwneud *drag act* o amgylch y clybiau a hyd y gwn i wnaeth Ifan Defi erioed mo hynny, er ei fod yn ddigon parod i roi cynnig ar unrhyw beth o fewn rheswm. Cyn i ni gael setlo efo'n diod, bron, roedd Giorgos, oedd yn amlwg wedi bod yn aros ei gyfle, wedi ein gwisgo mewn lliain bwrdd glas fel rhyw doga ac wedi rhoi torch o ddail olewydd am ein pennau, yn union fel y rhai yr oedd enillwyr medalau gemau Olympaidd Athen wedi eu cael. Wrth gwrs roedd yn rhaid dawnsio wedyn a welodd yr ynys erioed bedwar dawnsiwr mwy trwsgwl yn ei hanes.

Gan fod Agistri yn ynys mor fach does dim hen adfeilion na themlau nac amgueddfeydd i'w gweld yno, ond mae'r ynys yn ddigon agos at Athen ac mae fanno'n llawn o bethau felly a thros y blynyddoedd rydan ninnau wedi bod ar dripiau i weld rhyfeddodau hynafol Groeg fel yr Acropolis, camlas Corinth, hen Gorinth lle bu'r Apostol Paul, Mycenae ('mwy o blydi gerrig' yn ôl Ifan Defi) a theatr anhygoel Epidaurus, ac ar fordeithiau hefyd i ynysoedd eraill fel Hydra. Ond os bydd rhywun yn gofyn beth ydach chi'n ei wneud yno yr ateb bob tro ydy: dim. Ond beth y mae hynny'n ei olygu wrth gwrs yw ymlacio'n llwyr. Cyn gynted ag y byddwn ar yr ynys mi fyddwn yn dechrau ymlacio'n braf ac erbyn hyn mae'r drefn ddyddiol wedi hen sefydlu. Ar ôl codi (ddim yn rhy gynnar) a chael paned mi fydd Jên a fi yn mynd am dro ar ôl penderfynu i ba gyfeiriad. Oherwydd ei fod yn cael trafferth â'i bengliniau mi fydd Lyn yn llogi moped bach, sydd yn ddelfrydol ar ei gyfer. Wedyn os bydd Jên a fi yn penderfynu aros am damaid i'w fwyta neu botel fach o gwrw mi fyddwn yn ffonio Lyn (diolch am ffonau symudol) ac mi ddaw yntau draw ar ei feic i gwrdd â ni. Ac mae'r fasged ar flaen y moped yn ddefnyddiol iawn i gario poteli gin a thuniau tonic ac ati yn ôl i'r bwthyn.

Un min nos roeddwn i a Lyn yn eistedd yn dawel ar ein feranda. Gerllaw roedd llwyn o flodau hyfryd oedd yn fyw efo gwenyn prysur. Dyma fi'n cofio ac yn dyfynnu llinell o farddoniaeth Tennyson – 'The moan of doves in immemorial elms / And murmuring of innumerable bees' – gan ddweud ei bod yn enghraifft wych o onomatopeia. Edrychodd Lyn arnaf a gofyn a oedd Dan Jones wedi bod yn fy nysgu yn ysgol Llangefni, a phan ddywedais ei fod, dywedodd ei fod yntau wedi cael y fraint o gael Dan Jones fel athro a'i fod yn hollol gyfarwydd â'r llinell. Wyddwn i ddim tan hynny mai un o Langeitho oedd Dan a'i fod yn frawd i Mari James. Roedd yn amlwg wedi gwneud argraff ar ddisgyblion ysgol Tregaron hefyd.

Un peth sy'n gyffredin iawn rhwng Lyn, Jên a fi yw ein

bod yn gyndyn o fynd i'r gwely ac ar ôl swper, os na fyddwn yn mynd i lawr i far Giorgos, byddwn yn mynd yn ôl i'r bwthyn ac yn eistedd ar y feranda yn siarad a gwrando ar gôr y sicadas tan yr oriau mân. A'r bore wedyn mi fyddwn yn codi ac yn gwneud yr un math o beth eto. Mae'n dyddiau ni o drio gwneud rhywbeth gwahanol bob dydd o'r gwyliau wedi hen fynd a dyna pam y mae Agistri yn nefoedd fach i ni, a pham ein bod yn mynd yn ôl yno flwyddyn ar ôl blwyddyn.

# Fy Nghalon i

mae 'nghalon i yn deud celwydd weithiau
mae 'nghalon i yn dangos ôl y creithiau
ti 'di mynd i ffwrdd ers amser maith
'di gadael dim ond poen a chraith
dwi 'di trio dy gael yn ôl sawl gwaith
ond mae 'nghalon i yn gwrthod derbyn ffeithiau

mae 'nghalon i yn curo fel y llanw
mae'n curo'n gynt pan mae rhywun ond yn deud dy enw
ddoi di'm yn ôl mae hynny'n wir
ond mae'r llanw'n dal i gusanu'r tir
ac mae rhywun yn gwrthod gweld y gwir
ac mae 'nghalon i yn deud celwydd weithiau

mae 'nghalon i yn curo curo'n brysur
mae 'nghalon i yn gwrthod derbyn cysur
yn gwrthod derbyn be 'di'r gwir
yn gwrthod gweld be sydd mor glir
yn gwrthod ceisio lladd y cur
mae 'nghalon i yn deud celwydd weithiau

*Magi, Tud a fi yn y Marîn, Cricieth*

Mae'n rhyfedd sut mae ambell i gân yn digwydd cael ei sgwennu. Gall rhai gymryd blynyddoedd i'w sgwennu o'r pryd y daw'r syniad gwreiddiol, ac mae eraill yn dod yn llawer haws. Gofynnodd Bob Dylan i Leonard Cohen unwaith faint o amser gymerodd hi iddo sgwennu *Hallelujah* a'r ateb oedd tair blynedd, ac yna gofynnodd Leonard Cohen i Bob Dylan pa mor hir gymerodd hi iddo ynta sgwennu *I and I* a'r ateb oedd chwarter awr. Dim bo fi am un eiliad yn trio cymharu fy hun â'r ddau athrylith yna ond mae'n dangos bod rhai pethau'n dod yn haws nag eraill hyd yn oed i'r meistri.

Roedd Townes van Zandt yn honni fod ei gân *If I Needed You* wedi dod iddo i gyd yn ei gwsg, yn alaw a geiriau. Ella wir. Ond anarferol iawn, iawn fasa hynny. Ond fe ddigwyddodd rhywbeth tebyg i mi yn ddiweddar pan

*Tud, fi a Tudur Morgan ar Noson Lawen*

oeddwn yn cysgu – deffrais yn sydyn pan ddaeth dwy linell o gân i fy mhen i. Roedd yn rhaid i mi neidio allan o'r gwely a'u sgwennu i lawr rhag ofn i mi eu hanghofio. Y ddwy linell oedd: 'Paid ag edrych ar y llun yn rhy hir / Rhag ofn i'r stori ddigwydd dod yn wir'.

Cymerodd ryw ddiwrnod neu ddau i mi drio meddwl beth oedd y geiriau'n ei olygu ond unwaith yr oeddwn wedi datrys hynny mi lwyddais i orffen y gân mewn rhyw wythnos. Rhaid i mi ddweud bod hynny'n anarferol yn fy hanes achos dwi'n dipyn o arbenigwr ar ddechrau pethau a pheidio eu gorffen; mae gen i linellau a phenillion mewn llyfrau nodiadau di-ri a phytiau papurau mewn bocsys sy'n aros i mi drio eu cysylltu a gwneud rhywbeth efo nhw.

Ac mae hanes y gân yma, *Fy Nghalon i*, hefyd yn weddol debyg o ran sut y daeth i fod. Weithiau fe all rhywun fod yn meddwl am syniad cyffredinol ar gyfer cân ac yn gweithio ar y syniad am amser. Dro arall mae pethau'n digwydd heb rybudd a dyna ddigwyddodd yma. Pan sgwennais i hon ro'n i'n gweithio efo'r Steddfod ac fe'i sgwennwyd y bore ar ôl ein cinio Dolig fel staff. Dylwn bwysleisio na fyddai hwn yn achlysur cymedrol ac roedd yn arferol i'r cinio fynd yn ei flaen heibio amser swper hefyd. Ond y bore trannoeth roedd yn braf gwybod bod rhyw bythefnos o wyliau o'm blaen i. Codais i wneud panad gan fwriadu mynd yn ôl i'r gwely. Wrth aros i'r tegell ferwi gafaelais yn y gitâr a'r peth cyntaf ddaeth i fy meddwl, yn hollol ddirybudd, yn eiriau ac yn alaw, oedd llinell gynta'r gân yma. Gwnes nodyn sydyn o'r geiriau a'r dôn rhag i mi eu hanghofio ac yna daeth yr ail linell, a chyn i mi wneud y banad hyd yn oed roedd y pennill cynta wedi'i sgwennu. Chymerodd hi fawr o amser i mi sgwennu'r gân i gyd ond dyna'r unig dro i mi gofio i bethau ddod mor rhwydd.

Dechreuais sgwennu caneuon yn fy arddegau cynnar ar ôl i mi gael gitâr, a'r gitâr gyntaf a gefais erioed oedd un a gostiodd bunt a chweugain yn ail law. Roeddwn wedi dyheu am gael gitâr ers blynyddoedd a dwi'n cofio trio ennill un ar hen stondin *hoop-la* sâl yn y Marine Lake yn Rhyl pan oeddwn i yno ar drip Ysgol Sul. Heb lwc. A phan ofynnais i'r lembo ar y stondin faint fasa hi'n gostio i'w phrynu ei ateb oedd £10. Roedd hynny'n lot fawr o bres a go brin ei bod cystal â'r gitâr bunt a chweugain. Pan oeddwn i'n hogyn ifanc yn Llangefni mi fyddwn yn anfon i ffwrdd am gatalogau gitarau dim ond er mwyn edrych ar y lluniau gan wybod na allwn fforddio'r un ohonynt, ac mi fyddai Sbardun, yn hogyn ifanc ym Mhenrhyndeudraeth, yn gwneud yr un fath yn union.

Pan ddechreuais i sgwennu caneuon yn y dyddiau

cynnar hynny doedd dim ffasiwn beth â chwaraewyr casét, dim ond chwaraewyr recordio *reel to reel*. Felly i un nad oedd yn gallu darllen nac ysgrifennu cerddoriaeth (ddudodd mam y baswn i'n difaru peidio â dyfalbarhau efo'r gwersi piano) roedd yn rhaid dyfeisio system o gofnodi alawon er mwyn eu cofio. Dyfeisiais ryw fath o system efo rhifau i nodi'r tannau a'r cribellau (*frets*), system sylfaenol iawn ond digon effeithiol i fy niben i.

Un o'r llyfrau mwyaf poblogaidd i rai oedd yn dysgu chwarae gitâr y dyddiau hynny oedd *Play in a Day* gan Bert Weedon, ond wnes i erioed ei agor felly fedra i ddim cadarnhau faint allai neb ddysgu mewn diwrnod chwaith. Dysgu gwahanol gordiau o lyfrau caneuon Bob Dylan wnes i a defnyddio'r rhain i ymarfer newid cordiau'n gyflym a chreu alawon.

Mae pethau'n llawer rhwyddach heddiw o ran recordio efo'r holl fathau gwahanol o beiriannau recordio digidol sydd ar gael ond dydw i ddim yn ddyn amyneddgar iawn heb sôn am fod yn un technegol ei natur felly rhaid iddyn nhw fod yn rhai syml iawn i mi allu eu defnyddio. Ond yr unig beth ydw i ei angen beth bynnag ydy gallu cofnodi alaw cyn i mi ei hanghofio ac mae gen i beiriant bach syml a delfrydol i hynny erbyn hyn, a diolch amdano.

Ar ôl i mi gael fy gitâr gyntaf y daeth Bob Dylan i mewn i fy mywyd ac mae wedi aros yno byth ers hynny. Dyma, heb os, y dylanwad mwyaf o ddigon ar gerddoriaeth gyfoes ers iddo ddod i amlygrwydd gyntaf. Newidiodd Bob y ffordd yr oedd pobl yn sgwennu caneuon. Cyn hynny doedd caneuon byth yn para am fwy na rhyw dri munud, a serch, yn bennaf, oedd y testun. Dwi ddim yn dweud nad oedd dylanwadau ar Bob hefyd, pobl fel Hank Williams, Woody Guthrie a Chuck Berry a Cole Porter hyd yn oed, a llawer mwy, ond roedd Bob yn gallu cyrraedd at gynulleidfa fengach ac ehangach; apelio at y genhedlaeth oedd am newid y byd. Hyd yn oed os nad ydy rhywun yn hoff o Bob does dim dianc rhag ei ddylanwad uniongyrchol ac anuniongyrchol.

Ar ôl y gitâr ail-law gyntaf dwi wedi prynu sawl un dros y blynyddoedd a phob un, wrth reswm, yn well na'r un o'i blaen. Gitarau digon gwael oedd gen i pan o'n i efo'r Tebot ond fel y dywedais sawl tro, roedd y Tebot wedi mynd i'r arfer o fenthyca gitarau pobl eraill yn hytrach na chario ein hofferynnau ein hunain. Mae gen i gof o'r Tebot yn mynd ar y trên o Gaerdydd i Gaerffili i berfformio mewn rhyw gabaret yn y castell yno – roedd y pedwar ohonom ar y trên a dim un gitâr rhyngom.

Prynais gitar Yamaha neis iawn pan oeddwn i efo Mynediad am Ddim ac fe wnaeth honno i mi am flynyddoedd cyn i mi symud ymlaen at gitarau Takamine ac yna at y ddwy gitâr ddrud a da sydd gen i heddiw sef Gibson J150 a Martin DK42, neu Geraldine a Katie Belle fel dwi'n eu galw nhw ar ôl caneuon gan Townes van Zandt. Dwi wedi hen roi'r gorau i freuddwydio am y gallu i'w chwarae nhw i unrhyw safon ond dwi'n ddigon bodlon efo'r hyn dwi'n gallu ei wneud. Dwi wedi sylweddoli yn un peth mai dwylo bach iawn sydd gen i ac mae hynny yn anfantais ar adegau ond dyna ni.

Ar ôl i mi adael Mynediad doedd gen i ddim cartref naturiol i'r caneuon yr oeddwn yn dal i'w sgwennu ond ar y llaw arall roedd nifer o bobl eraill yn gofyn am ganeuon ac mi wnaeth hynny fy ngalluogi i amrywio ac ehangu rhywfaint ar fy arddull. Roedd angen caneuon tra gwahanol ar Plethyn a John ac Alun neu Iona ac Andy er enghraifft. Ysgrifennais nifer o bethau ar y cyd â Myrddin ap Dafydd yn enwedig ar gyfer Plethyn a Linda. Er bod Myrddin yn mynnu mai 'hen frân' (ei eiriau fo) ydy o pan ddaw at ganu mae ei eiriau bob amser yn rhai sy'n gweddu ar gyfer cân. Roedd yn un o'r myfyrwyr disglair oedd ym Mhrifysgol Aber pan o'n i'n byw yn y dref ac fe dreuliwyd sawl prynhawn ofer yn gwrando ar gerddoriaeth werin Iwerddon a'r Alban felly roedd wedi ei drwytho yn y traddodiad gwerin hwnnw, a gyda'i ddawn ddiamheuol fel bardd mae wedi ychwanegu'n sylweddol at gorff canu gwerin ac ysgafn Cymru.

Ond mae'n debyg mai â Bryn Fôn y cysylltir y rhan fwyaf o fy nghaneuon ar ôl Mynediad. Recordiodd Bryn CD cyfan o fy nghaneuon o'r enw *Dyddiau Di-gymar* a gynhyrchwyd gan y diweddar Les Morrison ym 1994, ac mae'n braf gwybod bod rhai o'r caneuon fel *Rebal Wicend* a *Ceidwad y Goleudy* yn dal yn boblogaidd heddiw mewn cyngherddau. Mae Bryn yn feistr ar ddehongli caneuon yn fy marn i – dim jest dilyn y fersiwn wreiddiol yn slafaidd y mae o ond mynd dan groen y geiriau, ac mae cael cerddorion hynod fedrus fel Rhys Parry a John Williams yn cyd-drefnu wedi golygu bod fy nghaneuon wedi cael rhyw gynulleidfa fengach a mwy helaeth o gael eu cysylltu â Bryn a'i fand.

Roedd rhai o'r tapiau a dderbyniodd Bryn, a Tudur Morgan o ran hynny, yn rhai amrwd a dweud y lleiaf ac mae'n syndod eu bod wedi gallu gwneud dim â nhw. Yng nghân Graham Land a Bryn Fôn, *Dim Mynadd*, mae'r lein yma: 'fel dudodd Ems bach lawer gwaith o mlaen i, sgin i'm math o fynadd'. Ac mae hynny yn wir pan ddaw at recordio. Does gen i fawr o fynadd recordio demos lle mae'r cynnig cyntaf yn gwneud y tro heb sôn am dreulio oriau mewn stiwdio recordio yn ail-wneud pethau hyd syrffed. Ond ar ôl gadael Mynediad am Ddim doedd dim rhaid i mi feddwl am hyn tan i'r Tebot ail-ffurfio a chael cynnig gwneud CD hir. Treuliwyd rhyw wythnos yn y stiwdio mae'n siŵr yn recordio'r holl ganeuon ac er mai dim ond ar fy nghaneuon i, pedair ohonynt, yr oedd disgwyl i mi wneud unrhyw gyfraniad, roedd yn dal yn straen ar fy amynedd yn bennaf.

Recordiwyd y CD *Twll Du Ifan Saer* ar laBelaBel gyda Bryn Fôn a David Wrench yn stiwdio Brynderwen ym Methesda ac roeddem wedi cael lle i aros mewn rhyw fwthyn wrth ymyl y stiwdio. Roedd y rhewgell a'r cypyrddau yn llawn o ganiau cwrw a photeli gwin. Mi ddechreuodd Pws fynd i'r arfer o daflu ei ganiau gwag ar draws yr ystafell a gweiddi 'Roc a Rôl' gan ddychmygu ei fod yn aelod o'r Stones am wn i. Ond roedd y gweddill ohonom wedi derbyn yr hyn oeddem, sef criw o hen stejars wedi cael rhyw ail wynt am gyfnod byr cyn y byddai'n amser rhoi'r gorau iddi am byth. Y peth mwyaf roc a rôl yr oeddwn i'n ei wneud oedd gofyn i Stan a fasa fo'n lecio rhoi ei byjamas ar fy mhlanced drydan am ryw hanner awr cyn clwydo.

Erbyn hyn dwi wedi rhyddhau dau CD fy hun, un ar label Fflach a'r llall ar fy label fy hun, Llifon, a enwyd ar ôl tŷ nain wrth gwrs. Tudur Morgan oedd yn gyfrifol am gynhyrchu'r rhain ac rydan ni'n gwneud yn iawn efo'n gilydd. Yn wahanol i mi, mae gan Tudur amynedd di-ben-draw ac mae wrth ei fodd mewn stiwdio ac roedd hynny'n fy siwtio i i'r dim efo *Llwybrau'r Cof* a ryddhawyd yn 2008. Es i ati i gasglu deg cân at ei gilydd, caneuon oedd gen i ar y gweill ers tro, a'r cyfan a wnes i oedd anfon CD amrwd o'r caneuon a deud wrth Tudur wneud fel y mynnai â nhw. Ac mi wnaeth! Tra'r oeddwn i wedi recordio *Jac Beti*, a'i dychmygu, fel cân *bluegrass* roedd Tudur wedi ei threfnu fel cân roc, a pham lai. Roedd yr holl drefniant yn fy siwtio i i'r dim – cael recordio CD heb orfod mynd ar gyfyl stiwdio ar wahân i ganu un gân fy hun. Yr hyn oedd yn bwysig i mi bryd hynny oedd cael y caneuon ar ddisg rhag ofn iddyn nhw fynd yn angof.

Erbyn 2016 roeddwn i'n barod i fynd ati i wneud CD arall, sef *Perthyn*. Y tro yma roedd y caneuon yn rhai gweddol newydd ac yn mynd yn fwy i gyfeiriad y gwerinol, acwstig ac, fel llawer o'r rhai ar *Llwybrau'r Cof*, yn cyfeirio'n ôl at fy mlynyddoedd cynnar yn Llangefni. Er nad o'n i'n bwriadu treulio gormod o amser yn y stiwdio, y tro yma ro'n i isho cyfrannu chydig bach mwy drwy chwarae gitâr yma ac acw a chanu mwy o ganeuon. Unwaith eto roedd Tudur wedi recordio'r rhan fwyaf o'r traciau sylfaenol erbyn i mi gael cyfle i fynd i'r stiwdio yn Llandudno, oedd yn gwneud fy nghyfraniad i yn haws. Y broblem fwyaf i mi mae'n siŵr oedd bod y stiwdio yn y gogledd a finnau'n byw yn y de a doedd y stiwdio ddim ar gael bob amser pan oeddwn i ar gael. Os byth y daw CD arall dwi'n bwriadu canu pob cân fy hun os byddan nhw'n siwtio a gwneud mwy o gyfraniad yn y stiwdio hefyd, lle bynnag y bydd hynny.

Doeddwn i erioed wedi bod yn gyfforddus ar lwyfan yn perfformio, ac yn sicr ddigon faswn i byth wedi ystyried gwneud dim byd ar fy mhen fy hun, ond rhywdro tua 2012 mi gefais i wahoddiad i ymddangos efo band bach Bryn Fôn yng Nghlwb Gwerin y Castell yn y Marîn yng Nghricieth. Y syniad oedd bod Bryn, yn ôl ei arfer, yn gwneud un set hanner awr o fy nghaneuon i a mod innau'n ymuno â'r band bryd hynny ac yn rhyw strymio'n dawel ar fy gitâr. Ond fedrwn i ddim peidio â meddwl y baswn i'n cael arian am wneud y nesa peth i ddim o wneud hynny ac yn twyllo'r trefnwyr braidd, ac wrth feddwl mwy am y peth mi ddechreuais ystyried tybed a oeddwn i'n colli cyfle i gyflwyno cân neu ddwy newydd. Dyna wnes i a dyna'r tro cyntaf erioed i mi ganu ar fy mhen fy hun heb fod yn rhan o grŵp. A gan fod cynulleidfa Clwb Gwerin y Castell yn enwog am y gwrandawiad a roddir roedd yn brofiad pleserus ac mi roddodd ryw hyder newydd i mi.

Ar ôl rhyddhau *Perthyn* daeth cyfle arall i ymweld â Chlwb Gwerin y Castell, y tro yma gyda Tud, Magi ei ferch a Tudur Morgan. Roedd yn braf cael cyfle i wneud rhywbeth efo Tud. Am ryw reswm dydan ni erioed wedi gwneud llawer o jamio efo'n gilydd; hyd yn oed pan fydda i'n mynd i aros at Tud ac Anna a'r teulu mae Netflix a gwin a thân coed yn apelio mwy rhywsut, ond mae'r ddau ohonom wedi addo y byddwn yn neilltuo mwy o amser i stwna efo gitarau yn y dyfodol pan ddaw cyfle. Mi wnaeth y ddau ohonom ryw sesiwn fach yn y Babell Lên yn ystod Steddfod 2017 yn yr hen sir ac roedd hwnnw'n brofiad digon braf hefyd deud y gwir.

Dwi'n dal i sgwennu caneuon pan ddaw amser ac amynedd ond dwi'n dal i fod yn arbenigwr ar wastraffu amser; ond ella'n wir y daw cyfle i ryddhau casgliad arall o ganeuon newydd heb fod yn rhy bell yn y dyfodol. Mi fasa'n braf meddwl bod deunydd un CD arall o leiaf yn yr hen ddyn yma.

Cyfrolau eraill sy'n dwyn atgofion drwy ganeuon:

LINDA GRIFFITHS

# Doreen Lewis
# Merch o'r Wlad
### ATGOFION DRWY GANEUON

DOREEN LEWIS